不登校の子どもと会話がなくなってきたら読む本

会話が
「これからを一緒に」
考えられる

NPO法人まなびデザインラボ理事
小松範之

SE
SHOEISHA

はじめに

「この先、どうやって生きる道をみつけたらいいんだろう?」

子どもが学校に行けなくなると、親は将来に対して不安を抱くと思います。しかし、子どもも同じように、どうしたらいいかわからない気持ちからくる「焦り」や「苛立ち」を感じて日々を過ごしています。

不登校の状態に悩んでいる状態から抜け出す方法はさまざまですが、よくあるのは「最短の日数で学校に復帰する」と「登校できないことを受け入れる」です。どちらにも一長一短あり、**「全員にとってこれが正解」という万能の解決法はありません。**

ただひとつ、大切なのは「子どもが納得のいく選択かどうか」です。

たとえば、子どもが「学校に戻りたい」と思っているなら、学校に戻れるようなサポートをしてあげる必要があります。子どもが「いまは休ませてほしい」と思っているなら、また子どもが動き出せる日のために準備をしつつ、休ませてあげることが大切です。そうすれば、子どもは自分なりのペースで不登校を乗り越えていきます。

そのためには、親子の会話が必須です。

なぜなら、会話なしに、子どもの考えを親が知ることはできないからです。

そこで本書では、不登校中の親子の会話に焦点を当てて、「子どもが納得のいく選択」を親子でできるように道を示します。

本書を読むことで、次のような変化が期待できます。

- 不登校で会話がない状態から会話を作り出せるようになる
- ひきこもりがちな子どもが前向きに行動するようになる
- 子どもに合った不登校の解決法を親子で選べるようになる

言葉のかけ方ひとつで、子どもは変化を起こします。

本書を読んで、親子でいまの状況を乗り越えていきましょう。

2024年12月　小松範之

読み進める前に

本書では、親子の会話のレベルを４段階に分け、それぞれのレベルに合わせた解説や取り組みを紹介していきます。

親子関係や子どもの言動の変化が一目でわかる図を用意しました。読み進める前のイメージづくりや振り返りなどに活用してください。

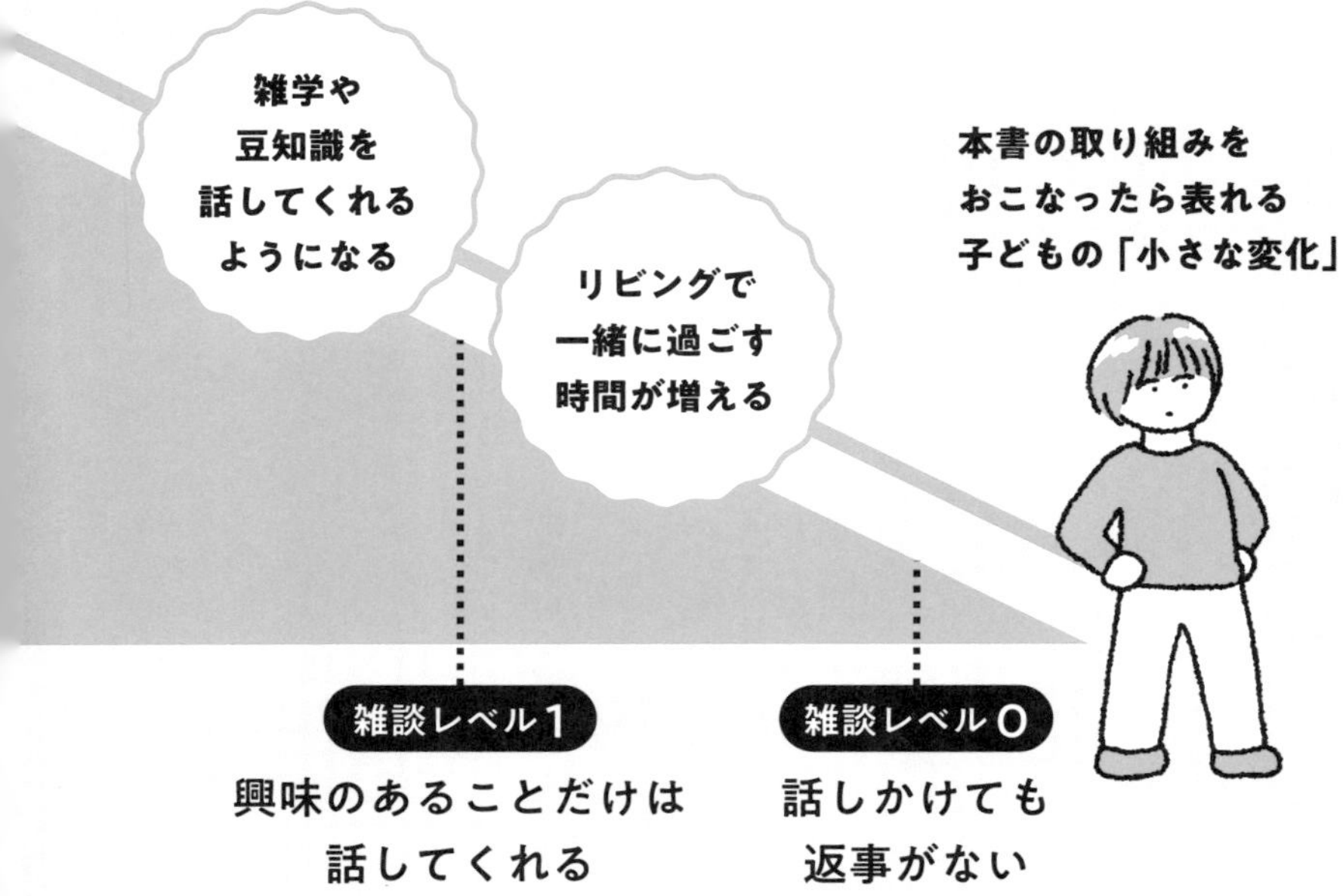

※変化の仕方は子どもによって異なるため、あくまで目安としてください。

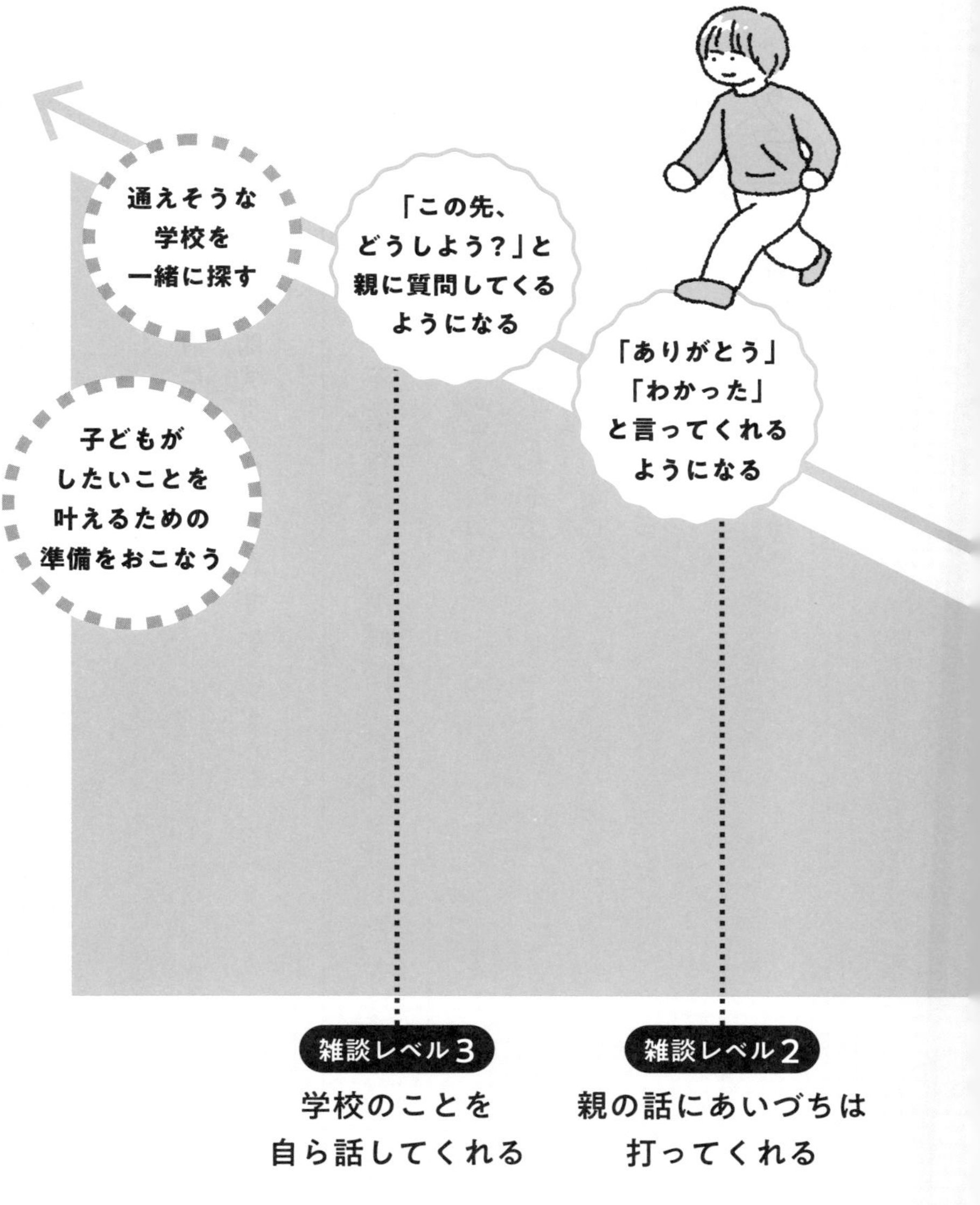
通えそうな
学校を
一緒に探す
子どもが
したいことを
叶えるための
準備をおこなう
「この先、
どうしよう？」と
親に質問してくる
ようになる
「ありがとう」
「わかった」
と言ってくれる
ようになる
雑談レベル3
学校のことを
自ら話してくれる
雑談レベル2
親の話にあいづちは
打ってくれる

はじめに……2
読み進める前に……4
本書内容に関するお問い合わせについて……10

Chapter 1
子どもが不登校に……家庭での会話もなくなってきた

1 なぜ子どもが不登校に？……12
2 「親子の会話」と「不登校」の関係性……24
3 親子の会話がないのは子どもが思春期だから？……33
COLUMN 子どもの「本音」が必要な理由……41

Chapter 2
雑談レベルを測ろう！

1 「雑談レベル」をもとに現状を分析しよう……44
2 雑談レベル0 話しかけても返事がない……50
3 雑談レベル1 興味のあることだけは話してくれる……52
4 雑談レベル2 親の話にあいづちは打ってくれる……56
5 雑談レベル3 学校のことを自ら話してくれる……61
COLUMN 「最短の日数で再登校させる」のはよいこと？……68

Chapter 3 子どもの承認欲求を満たす取り組みをしよう！

1 全雑談レベル 意識すべきこと……70
2 全雑談レベル 言い換える力を身につける……73
3 雑談レベル0 子どもの興味がありそうな話は振らない……76

4 雑談レベル1 親の「あいづち」がポイント……85
5 雑談レベル2 「会話の成立」を重視する……93
6 雑談レベル3 「子どもの希望」を聞いて進路を一緒に考える……100
COLUMN 「そうなんだね」はダメ？……112

Chapter 4
夫婦・兄弟姉妹の関係で大切なこと

1 子どもの承認につながる「夫婦」の関わり……114
2 子どもの承認につながる「兄弟姉妹」との関わり……127
COLUMN 家事育児を手伝ってくれない配偶者……138

Chapter 5
親（自分）のメンタルを安定させよう

1 「自分だけが楽しい」時間が大切 …… 140
2 自分は楽しいけど誰の役にも立たない「趣味」のみつけ方 …… 151
COLUMN 一人親の承認欲求はどう満たす？ …… 160

Chapter 6

子どもの言動が変化してきたら？

1 「会話以外の変化」にも注目しよう …… 162
2 子どもから学校・進路の話が出てきたら …… 175
3 進む道は人それぞれ …… 182

おわりに …… 189
会員特典データのご案内「親子で進路を決めるサポートシート」 …… 190

本書内容に関するお問い合わせについて

このたびは翔泳社の書籍をお買い上げいただき、誠にありがとうございます。弊社では、読者の皆様からのお問い合わせに適切に対応させていただくため、以下のガイドラインへのご協力をお願い致しております。下記項目をお読みいただき、手順に従ってお問い合わせください。

ご質問される前に

弊社 Web サイトの「正誤表」をご参照ください。これまでに判明した正誤や追加情報を掲載しています。

正誤表　https://www.shoeisha.co.jp/book/errata/

ご質問方法

弊社 Web サイトの「書籍に関するお問い合わせ」をご利用ください。

書籍に関するお問い合わせ
https://www.shoeisha.co.jp/book/qa/

インターネットをご利用でない場合は、FAX または郵便にて、下記“翔泳社 愛読者サービスセンター”までお問い合わせください。電話でのご質問は、お受けしておりません。

回答について

回答は、ご質問いただいた手段によってご返事申し上げます。ご質問の内容によっては、回答に数日ないしはそれ以上の期間を要する場合があります。

ご質問に際してのご注意

本書の対象を超えるもの、記述個所を特定されないもの、また読者固有の環境に起因するご質問等にはお答えできませんので、予めご了承ください。

郵便物送付先および FAX 番号

送付先住所　〒 160-0006　東京都新宿区舟町 5
FAX 番号　03-5362-3818
宛先　（株）翔泳社 愛読者サービスセンター

Chapter 1

子どもが不登校に……家庭での会話もなくなってきた

1-1

なぜ子どもが不登校に？

不登校になる子は年々増えている

子どもが登校しなくなると「どうしてうちの子が不登校に？」とほとんどの方は考えると思います。その原因には後ほど触れるとして、先に不登校を取り巻く社会状況を簡単に確認してみましょう。

ネットを中心に「不登校の原因は子どものわがままだ」「甘えだ」といった声が、いまだにあります。しかし、本当にそうなのでしょうか。

不登校の子どもの推移

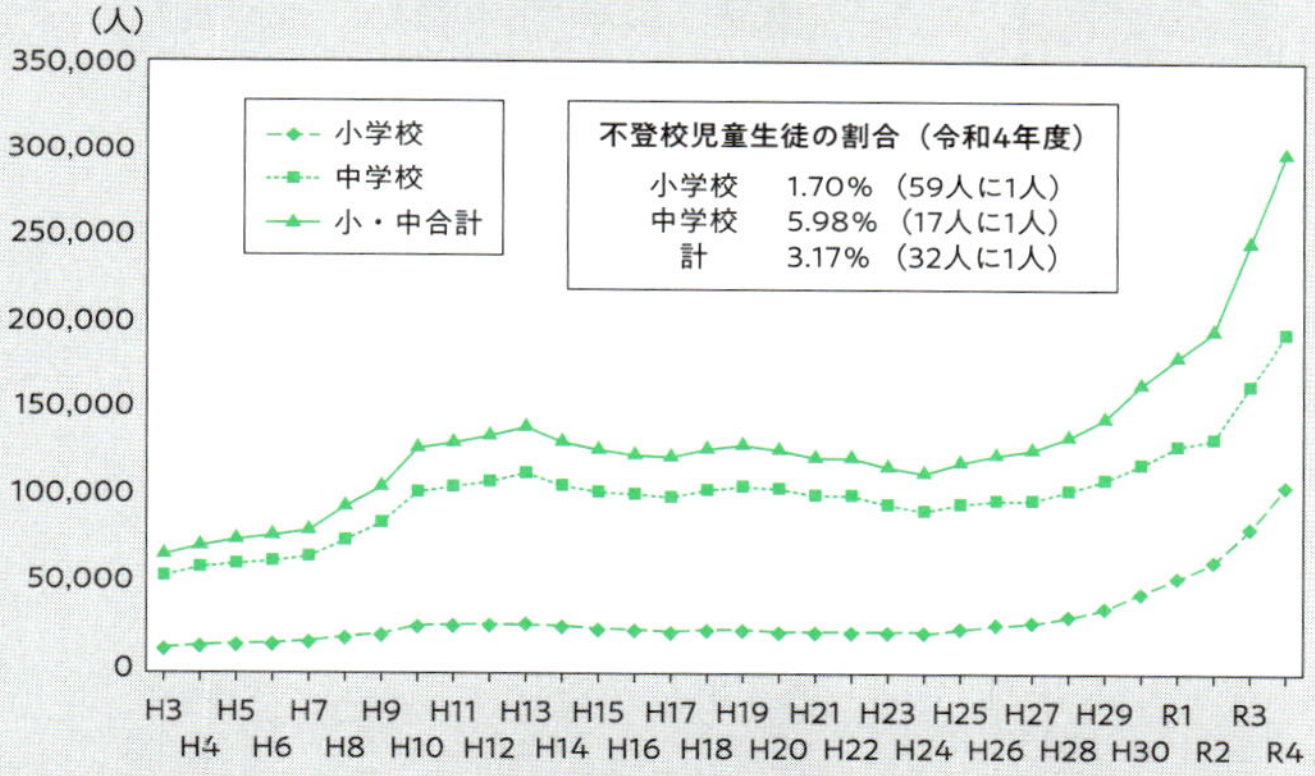

出典：厚生労働省「令和４年度　児童生徒の問題行動・不登校等生徒指導上の諸課題に関する調査結果」

上の図から、「平成24年から一貫して不登校の児童生徒数が増えている」ことがわかります。特に、新型コロナウイルス感染症による一斉休校を経験した令和2年以降、急速に増えています。一斉休校が不登校に拍車をかけたといえるでしょう。ただ、新型コロナウイルス感染症が発生する前の平成24年から、不登校児はすでに増え続けていました。

また、学年が上がるほど、不登校の児童生徒数は増えています。よく「中1ギャップ（中学1年生から不登校が増える）」といわれていますが、小学1年生から中学2年生まで、学年が上がれば上がるほど不登校の子どもは増えています。

このことから、私たち親が登校していたころよりも格段に登校しづらくなっていることが予想できます。**少なくとも不登校は子どもの「わがまま」や「甘え」で起きているわけではない**と筆者は考えています。

「一緒に何かをしようとする」と子どもは親を遠ざけるようになる

そのほかに、不登校の原因として根強く考えられているのが「親の愛情不足」説です。確かに、現代は親子の時間が取りづらいといえます。愛情の要素として「子どもと過ごす時間」がよく挙げられますが、夫婦のいる世帯（妻が64歳以下）全体の約7割が共働きとされており※、子どもと過ごす時間をつくるのは簡単ではありません。

※ 内閣府「男女共同参画白書 令和4年版」より

不登校の原因を「親の愛情不足」と考える親は、子どもとの楽しい時間をどうにかしてつくろうとして、「一緒にキャッチボールをしよう」「一緒に買い物に行こう」と誘ったりします。しかし、**思春期で、かつ不登校の子どもが親に求めているのは「一緒に何かをする時間」ではない**のです。

事例Aくん

親と一緒に行動するのが恥ずかしい

ある家庭では、高校1年生のAくんが不登校になり、自宅にひきこもっていました。そこで、お母さんは親子の時間をつくろうと思い「一緒に散歩に行こうよ」と誘うことにしました。最初のほうは何回か一緒に散歩に行ってくれましたが、そのうち「行かない」と断られるようになりました。

筆者が、Aくんから直接話を聞いてみると「散歩が体にいいのはわかっています。でも、母親と歩いているのを見られるのが恥ずかしいです」と話してくれました。もし、Aくんがお母さんと一緒に歩くこと自体を喜んでいるのであれば、散歩は続けていたはずです。しかし、実際は一緒に散歩に行くことが嫌だったので、毎回散歩を断らなければならず、そのためだんだんとお母さんを避けるようになりました。

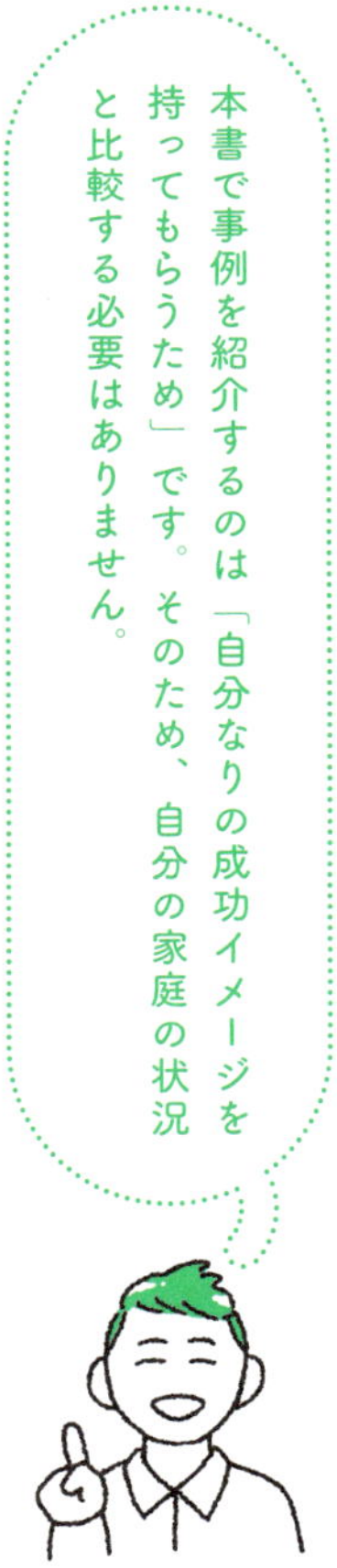
本書で事例を紹介するのは「自分なりの成功イメージを持ってもらうため」です。そのため、自分の家庭の状況と比較する必要はありません。

不登校の本当の原因

不登校の原因は、一次的原因と二次的原因に分かれます。

一次的原因は「特定の嫌な出来事」（友だちに無視された・先生に怒られたなど）を指します。しかし、一次的原因だけで不登校になることはほとんどありません。不登校になる場合の多くは、二次的原因が重なっています。

二次的原因は「自分の気持ちを誰も認めてくれない」という状態です。たとえば、子どもが「友だちに無視された」と親に話したとき、「それぐらいでへこんではダメ」と親が言ったとします。このとき、二次的原因が発生しているといえます。

このように、親・友だち・先生などの仲間に「自分のことを認めてほしい」と思う欲求のことを承認欲求といいます。

一次的原因に二次的原因が重なり承認欲求が満たされない状態が長引くと、登校するエネルギーがなくなっていくのです。

承認欲求をイメージしやすくするために、承認欲求の器を紙コップとして考えてみましょう。まず、人はみんなこの紙コップを1つ持っており、そこには水（承認）が入っています。

登校できている子の紙コップには、常に50％以上の水が入っています。たとえば「小学5年生までは登校できていた」という場合は、小学5年生までは毎日紙コップに50％以上の水が入っていたということです。

承認欲求（紙コップ）を満たすものと減らすもの

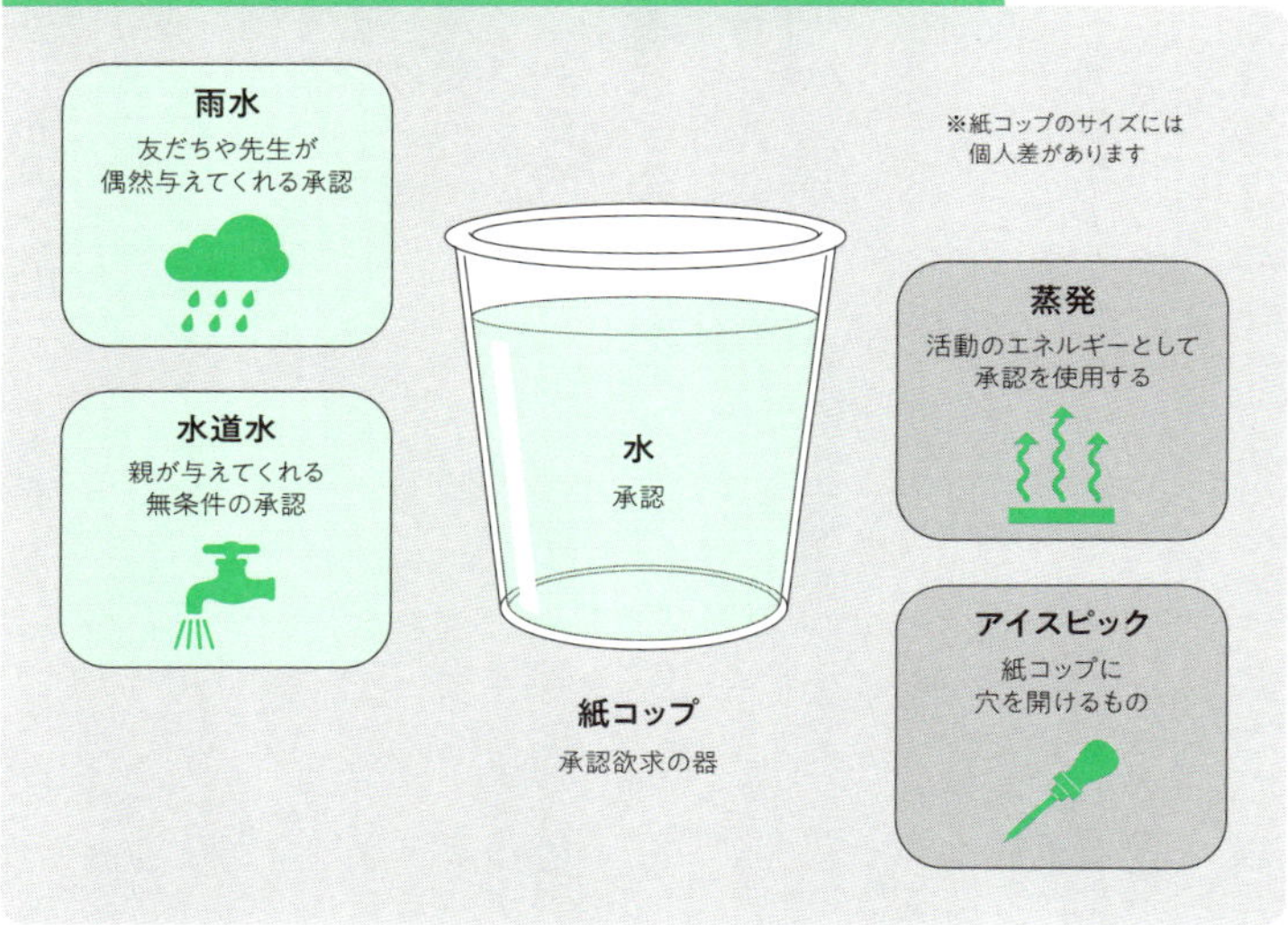
雨水
友だちや先生が
偶然与えてくれる承認
水道水
親が与えてくれる
無条件の承認
水
承認
紙コップ
承認欲求の器
※紙コップのサイズには
個人差があります
蒸発
活動のエネルギーとして
承認を使用する
アイスピック
紙コップに
穴を開けるもの

しかし、紙コップの水は常に一定というわけではありません。時間とともに増えたり減ったりします。**水が増える要因は「水道水や雨水」**です。水道水は、親が与えてくれる無条件の承認のことで、雨水は友だちや先生が偶然与えてくれる承認のことです。なお、水道水の水源の豊かさは、親のメンタルによって左右されます（Chapter5）。

一方、水が減る要因としては、勉強や部活などをおこなうためのエネルギーとして使用すること（自然減）と、紙コップに穴が開くこと（物理

減）があります。物理減の例としては、自分の意見を無視されたり、親や先生から命令をされたり、友だちが返事をしてくれなかったりすることで起きます。このような要因によって、承認欲求の水位は上がったり下がったりします。

不登校になる（承認欲求の水位50％未満）

承認欲求の水位が50％未満になった子は、登校するために必要なエネルギーが足りなくなります。**子どもが自分から行動するときにはエネルギーが必要になりますが、そのエネルギーは承認欲求の水から生まれる**のです。

たとえば、不登校の子でも好きなゲームを1日5時間以上する子は承認欲求の水位が30％程度はあると思ってよいでしょう。5時間ゲームをすることは、それなりにエネルギーが必要だからです。

では、承認欲求の水位が0％になってしまった子はどうなるのでしょうか？　それは、寝たきりです。実際に寝たきりになっていた子から話を聞くと「ゲームもしないし、マンガも読まないし、動画も見ません。起きても何もしたくないから、そもそも布団から出ません」と教えてくれました。

承認欲求の水位が50％未満になった時点で登校できなくなりますが、**承認欲求の水位が30％程度なのか0％なのかによっても、その子の状態は変わってきます。**

安定的に50％以上の水位を維持できている子は、「水を得る場所（承認欲求を満たしてくれる場所）」を複数持っています。具体的には家庭・学校・塾などです。

事例Bさん

部活が承認欲求を満たしてくれる場所

Bさん（中学生）は、毎日4時間目から登校しています。なぜ4時間目からかというと、授業に参加したくない理由があるからだそうです。ただ「部活には行きたい」ので4時間目から学校に行っています。なぜ部活に参加したいのか聞くと「運動部に所属しているんだけど、部活に行けば選手として頼りにしてくれる。

だから行きたい」と話してくれました。彼女にとって、学校そのものよりも部活が「水（承認）を得る場所」となっていたのです。部活に行くことで承認欲求の水位を50％以上に上げることができ、苦手な学校にも遅刻しながら行くことができています。

不登校だけど外出はできる（承認欲求の水位40％）

不登校の子どものなかには、学校には行けなくても外出できる子がいます。たとえば、親と一緒に買い物に行ったり習い事のサッカーに通ったりできるなどです。外出できる子は2つのタイプに分けられます。

1つ目は「イベント型」です。好きなものを買いに行くといった不定期なイベントのみ外出ができるタイプです。そして、2つ目のタイプは「定期型」です。毎週開催されるサッカーの練習やフリースクールのように定期的な外出ができる場合はこのタイプに分類されます。

子どもが家にひきこもっていた状態から外出できるようになると、親や先生は「外に出られるのだから、登校もできるはずだ」と考えがちです。しかし、イベント型も定期型も、承認の水を40％しか持っていません。それなのに50％の水が必要となる「登校」を求めると、かえって登校できる日は遠ざかります。なぜなら、承認の水が10％足りていないからです。

承認欲求の水位を上げるためには？

紙コップに水を足していけばいつしか水位は50％を超えますが、増えると同時にたまった水はさまざまな要因で減っていくものです。

「減っていく水以上に、注ぎ続ければいいのでは？」と思われるかもしれませんが、承認の水を親が大量に毎日注ぎ続けることはできません。なぜなら、親自身にも承認欲求の紙コップがあるからです。**親は子どもに水を注ぐとき、自分の紙コップにある水を使います**。「自分が親や配偶者から認められてこなかったのに、子どものことを

承認欲求の水位に応じた子どもの行動

承認欲求の水位	子どもの行動
50%以上	登校できる
40%程度	学校には行けないけど外出はできる
30%程度	不登校だけど家の中で好きなことはできる
０%	家でも何もできない・布団から出られない

毎日認めてあげなければならない」となると負担を感じると思います。その結果、親がエネルギー切れを起こしてしまうのです。

承認欲求の水位を維持したいのであれば、水漏れを防ぐ意識が大切です。**「水漏れ」は、親が子どもにかける言葉がアイスピックとなって起こってしまう**ことがほとんどです。

たとえば「みんな学校に行きたくなくても登校しているじゃない」といった言葉などがアイスピックとなります。Chapter2以降では「水を注ぐ方法」と同時に「水を漏らさない方法」についてもお伝えしていきます。

1-2 「親子の会話」と「不登校」の関係性

不登校になる前の子どもとの会話を思い出してみよう

「思春期の子どもは、親と話さないのが当たり前」という話をよく聞きます。確かに、思春期になると子どもは以前ほど親と話さなくなります。

帰宅した子どもに「おかえり」と言っても目を合わさず「ただいま」と返され、そのまま自分の部屋へ。晩ご飯のときはイヤホンを耳に装着し、動画を見ながら食事をする。お風呂に入った後は、また自分の部屋へ……。不登校の子であれば、昼夜逆転生活を送っている子もいるでしょう。そうなると、より一層会話をする機会はありません。

しかし**「不登校ではあるけれど、子どもは思春期だから会話がないのは当たり前」と思い見守っているだけだと、不登校は長引くことになります**。なぜなら、会話をしなければ、承認欲求は満たされていかないからです。

子どもが親と会話をする目的

子どもは何のために親と会話するのでしょうか？　**子どもが親と話す理由は、①「こうなりたい」を叶えるためと、②親にしてほしいことがあるため**です。

たとえば、ある中学生が「ゲーミングPCが欲しい」と親に話していたとします。その裏には「ゲームで勝てるようになりたい」（①願望がありました。そして、ゲーミングPCを買うだけのお金がないため「親に買ってほしい」（②）と思ったのです。

このように、2つの理由がそろって初めて、子どもは親に話しかけます。もし「親に買ってほしい」と思っていても「どうせ断られる」と思っていたら話しかけません。

逆に、「この人なら買ってくれるかも」と思えば、親以外の人にも話しかけるでしょう。

事例Cくん

「こうなりたい」を叶える方法を教えてあげた

筆者もフリースクールの生徒からいろんなものを「買って」とせがまれます。あるとき、Cくんを中心とする生徒数人から「ゲーム実況をしてみたいからゲーム機（プレイステーション）を買って欲しい」と言われました。そこで、クラウドファンディングをして資金を集めることを提案しました。「僕たちを支援してくれる人なんかいるわけがない」という声もありましたが、目標金額や募集期間をみんなで考え、実行しました。

その後、実際に「振り込みました。頑張ってください」という支援者のメッセージを目にしたCくんたちは「世の中にはこんなにいい人がいるんだね！」と話していました。結果、資金は集まり購入することができました。

9割の子どもは親に「こうなりたい」をジャッジされると恐れている

「不登校は無気力」というイメージが世の中に蔓延しているせいか、「こうなりたい」という欲求がないかのように思われがちです。しかし、**不登校であっても子どもは「こうなりたい」という思いを持っています**。

それでも、素直に親に話してくれない理由は、ジャッジされ否定されると思っているからです。**ジャッジとは、親の価値観でOKかNGかを判定すること**です。

もし「勉強を気にせずゲームをしていたい」と思っていても、「きっと、NG（ダメ）と言われるだろうな」と考えることでしょう。子どもはそれをわかっているので、**否定されるぐらいなら言わないほうが楽だ**と考えるのです。

ジャッジすると子どもの生命力は弱くなる

たとえば「学校には行かずに家でゆっくりゲームをしたい」と子どもが言ってきたとき、将来のことを考え「学校に行きなさい」と言ったとします。確かに将来大人になったときに、学校を休んだことで何らかの支障が出るかもしれません。

しかし「子どもが会話をする目的」から考えると、最初から否定してはいけません。なぜなら、否定すると子どもの生命力は弱くなっていくからです。具体的には、**睡眠が浅くなる・朝起きられなくなる・ご飯を食べなくなる、といった症状が現れてきます。**

子どもは親に認めてほしくて話しかけてきます。子どもにとって承認欲求は、食欲や排せつ欲といった生理的欲求と同じく、生命力のもととなる欲求です。確かに、食欲や排せつ欲のように「3日間満たされなかったら体に不調が現れる」という緊急性はありません。

しかし、重要性においては同等だと考えます。長期にわたり親から否定され続けると、心に不調をきたし、前述のとおり次第に体も弱っていくためです。食事をもらえないと体はやせ細っていきますが、**認めてもらえないと心がやせ細っていってしまう**のです。

学校や塾で承認されることで登校できている子も

ここまで読んで「**登校している子の家庭でもジャッジをしているのでは？**」と思われた方もいらっしゃることでしょう。

確かにそのとおりかもしれません。筆者の見る限り、多くの親は子どもの「こうなりたい」をジャッジしています。では、なぜ登校できる子とできない子がいるのか。それは、**学校の友だちや先生が承認欲求を満たしてくれているかどうか**です。塾や習い事も同様です。

ある男子中学生は、通学のために片道電車で30分、自転車で30分、合計1時間の道のりを毎日移動しています。週5日間だと往復で300kmです。これだけの移動を毎週おこなうエネルギーはどこから湧いてくるのでしょうか。それは「休み時間に友だちと話したい」「テストでいい点をとって先生にほめられたい」といった気持ち（欲求）からだそうです。

不登校になると承認欲求を満たしてくれる人が家の中にしかいなくなります。塾や習い事があれば、まだ承認される機会は残されているといえます。しかし、学校に行かなくなったことをきっかけに、だんだんと人と会いたがらなくなり、習い事などにも行けなくなることは多いです。

ネットの友だちがいるから大丈夫と安心するのは危険

子どもが不登校で外にも出たがらなくなった場合、まずやるべきことは「家庭で承認欲求を満たしてあげること」です。なぜなら、子どもの立場で考えると、承認欲求を満たしてくれる人が家族しかいないからです。

このように筆者が言うと「うちの子は、オンラインゲームでボイスチャットをしているから話し相手はいます」と話す方もいます。

確かに、ゲーム中は楽しそうに会話をしているかもしれません。しかし、オンラインゲームの仲間が子どもの承認欲求を満たしてくれると期待するのは危険です。なぜなら、**いくら楽しそうに話していても、悪口や小さな喧嘩が発生していることが多い**ためです。

本書では、悪口を「相手の価値を認めないこと・貶めることを目的としている言葉」としています。子どもは一緒に悪口を言い合うことで仲間になったような感じがしているかもしれませんが、承認という意味ではよくありません。

悪口を言ったり聞いたりすることで、承認の水がたまるどころか子どもの紙コップには穴が開いていってしまいます。現に、筆者の相談者のなかには「ゲームを終えると、子どもがイライラしている」と話す方も多いです。

そのため、本書では家で親が子どもの承認欲求を満たしてあげることを推奨しています。**親が「水道」となって、承認の水を安定的に満たしてあげれば、子どもはどんどん前向きになっていきます**。

また、家庭で承認欲求を満たすという軸を持てば、「子どもにどう接したらいいかわからない」という悩みも解決します。承認欲求を満たすための接し方は、Chapter3から具体的に紹介していきます。

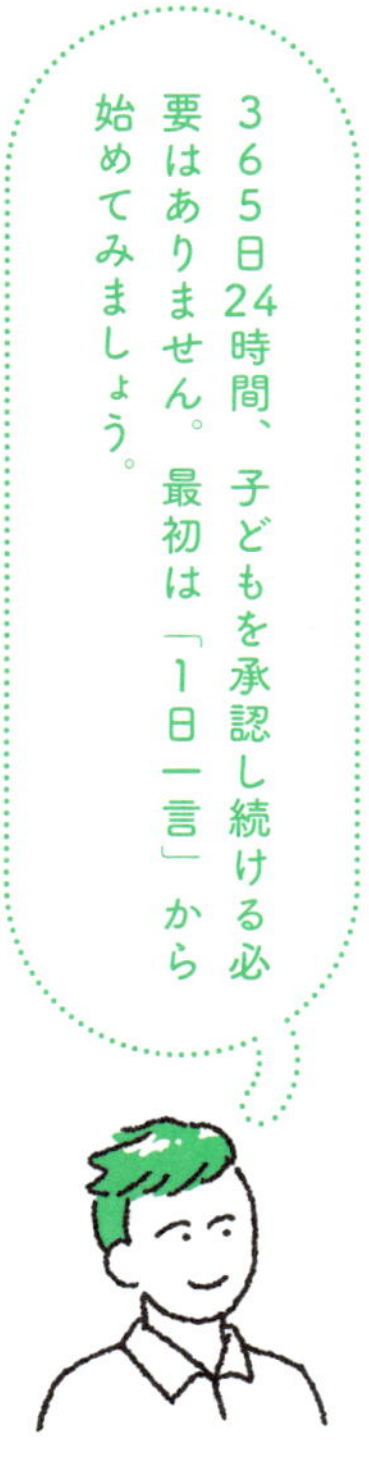
365日24時間、子どもを承認し続ける必要はありません。最初は「1日一言」から始めてみましょう。

1-3 親子の会話がないのは子どもが思春期だから？

「思春期で会話がない」と「不登校で会話がない」の違い

思春期に入る前と入った後では、親がすべき対応は違ってきます。個人差はあるものの、中学生あたりから子どもは思春期に入ります。

思春期以前の不登校であれば、親子で入浴したり同じ部屋で寝たりと一緒に行動する機会が多いので「会話がないこと」を「なんらかの異常」として認識しやすいです。たとえば、「今日は口数が少ないな」と早く気づくことができ、「学校で何かあったの？」と声をかけ、何かしらの対応を始めることができます。

しかし、**思春期の子の場合、自分の時間を大切にするようになります**。親自身も「中学生のときはあまり自分の親と話さなかったな」という記憶があることが多いので、子どもの口数が少ないことに対して危機感を抱きません。

不登校で口数が少ない場合は、早期発見と早期対処が必要になってきます。**「思春期だから会話がないのか／不登校だから会話がないのか」の見分け方の目安としては、月3日以上の欠席が2か月以上連続したかどうか**です。

たとえば、4月に3日間欠席し、5月も3日間欠席したとします。この場合「不登校※」の可能性が高いと家庭で判断して対応を始めるべきだといえます。

思春期で返事がないのは「黙って見守ってほしい」から

思春期は「反抗期（大人に反抗的な言動をとる時期）」ともいわれています。しかし、筆者は反抗期などないと思っています。反抗期という言葉は、反抗的な態度をとる子

※ 文部科学省は不登校児童生徒を「何らかの心理的、情緒的、身体的あるいは社会的要因・背景により、登校しないあるいはしたくともできない状況にあるために年間30日以上欠席した者のうち、病気や経済的な理由による者を除いたもの」と定義しています。

どもに対して大人が留飲を下げるために貼ったレッテルのようなものだと考えます。

子どもからすれば、ただ大人に求めるものが変わっただけです。思春期以前の子どもは、大人に「自分のことを気にかけてほしい」と思っています。しかし、思春期に入ると「そっとしておいてほしい」に変わります。なぜなら、**大人に気に入られるより、友だちや上級生との関わりを重視するようになる**からです。

たとえば、筆者のフリースクールの子たちと海水浴に行ったときに、小学生は自分の泳ぐところを筆者に見てほしくて「見て！」と言ってきます。これに対し、中学生は、筆者ではなく自分と同じ中学生や高校生などの上級生に対して「見て！」と言うのです。

では、思春期の子どもが親に求めていることは何でしょうか？　それは「黙って見守ってほしい」です。そのため、家で話しかけたときに子どもから返事がなくても、学校の欠席が月間3日未満であるならば「黙って見守って」あげれば大丈夫です。子どもの承認欲求は学校などで満たされていくことでしょう。

子どもが求めている接し方が大切に

欠席が月間3日以上の場合、「黙って見守る」だけではだんだんと元気をなくしていきます。「だったら、話しかけてくれればいいのに」と思うかもしれませんが「親にジャッジされてしまう」と思っているため、子どもは黙っています。

親子の会話を減らしている原因は何気なくする子どもへの「質問」や「提案」かもしれません。

たとえば「昨日は何時に寝たの?」と聞いたら子どもが「朝4時ぐらい」と答えたとします。そのとき「せめて12時には寝ないとね」というアドバイスをしたとします。

親としては、「質問をきっかけに会話ができた」と思うかもしれませんが、子どもは**「質問に答えたらジャッジされたうえに、欲しくもないアドバイスまでされた」**と思い、無視するようになります。

また、「一緒に散歩に行こうよ」と誘ったとします。子どもとしては「登校できなくても運動はしたほうがいい」ということは理解しています。しかし、それができない事情があるのです。それにもかかわらず「外に誘う」ということは、子どもからすると**「気持ちを無視された」「常識を押し付けようとしてきているのだ」**と感じます。

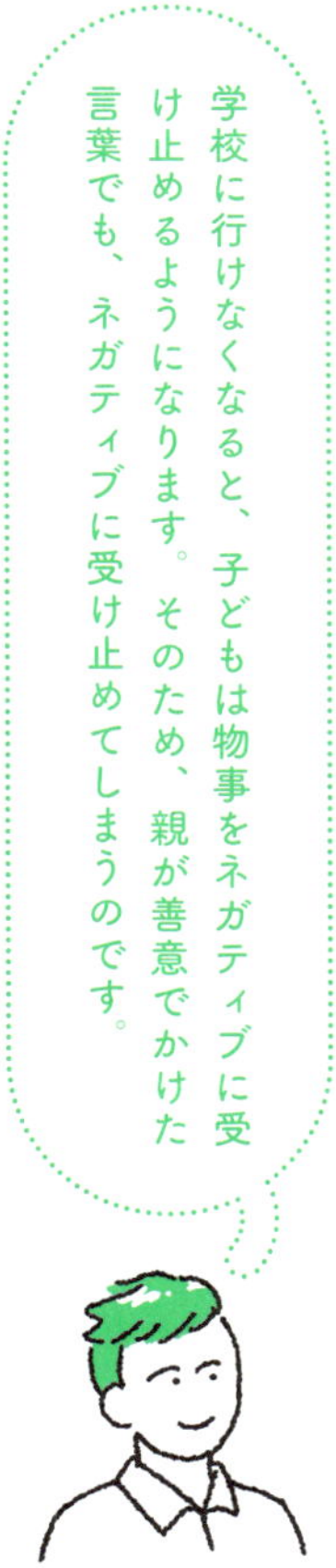
学校に行けなくなると、子どもは物事をネガティブに受け止めるようになります。そのため、親が善意でかけた言葉でも、ネガティブに受け止めてしまうのです。

理想は、不登校でも子どもが自ら何でも話してくれること

筆者のもとに相談に来る方（以降、相談者）に「お子さんにどうなってほしいですか？」と聞くと、「とにかく学校に戻ってほしい」という再登校重視の答えや、「無理に登校しろとは言わないから何に困っているのか話してほしい」といった内面重視の答えなどが返ってきます。

いずれの場合であっても、理想は子どもが自ら何でも話してくれることです。再登校をするにせよ、子どもの内面をケアするにせよ、子どもからの正直な反応は必要になります。

子どもが自ら話したくなる関係をつくっていこう

子どもが自ら何でも話してくれるようになるためには、「親と会話しても大丈夫」と安心感を持ってもらうことが大事です。

事例Dさん

誰に何を話すか決めている

フリースクールに通うDさん（高校生）が「親には言ってないけど……」と自分から本音を話してくれたことがありました。もちろん、話の内容は親御さんにも内緒にしています。

ちなみに、実はその逆もあります。私には話さず親御さんだけに話すパターンです。親御さんから「あの子、最近〇〇にハマっているんです。小松さん（筆者）には話していませんか？」と言われ、「それは初耳です！」ということがありました。

誰に何を話すか、主導権は子どもにあります。そして、話題ごとに相手を選んでいます。たとえば、「ゲームに関しては親に話す、行ってみたい場所については小松さんに話す」などです。

子どもが話す相手を選ぶ基準は何かというと「その話の内容について、信頼できる人かどうか」です。そのため、親といえども、最初から全面的に何でも話してもらえるようになる必要はありません。最初は、お子さんの興味のあることについてだけ、話してもらえるようになれば上出来なのです。

親の質問に対して子どもが答えたときは「子どもが自ら話した」とは言いません。本書では、親が意図しないときに子どものほうから話を切り出してくることを「自ら話す」ととらえます。

COLUMN

子どもの「本音」が必要な理由

なぜ本書で「不登校の親子の会話」を重視しているのかというと、当たり前かもしれませんが不登校の解決のために不可欠だからです。

不登校児の増加にともない、子ども向けサービスも多様化してきました。筆者が運営しているフリースクールもそのひとつです。そのほかにも、家庭教師や個別塾、カウンセリングなどがあります。しかし、どれが自分の子どもにとって正解なのかはわかりません。

親が良かれと思って塾やフリースクールを申し込んでも、子どもが通ってくれなければ意味がありません。親はガッカリし、子どもは「親の期待にこたえられなかった」と自己否定するようになります。これは、不登校の二次被害といえます。

二次被害を防ぐには、子どもが本音で「○○に参加したい」と言ってくれるように、親が働きかけるしかありません。そして、働きかけをするうえで最も大事なのが「会話」なのです。

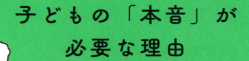

COLUMN

ある小学６年生のＮくんは、不登校でひきこもっていました。口数も減っていったため、お母さんが教育支援センターに行くよう誘いましたが「嫌だ」と言います。

そこで、お母さんが本書の取り組みをおこなったところ、Ｎくんに変化が起きました。口数が増えただけではなく、発言の内容も前向きになったのです。たとえば、オンラインゲームでボイスチャットをするとき、以前は相手に悪口を言っていたのに、あるときから「さすがだね！」とほめるようになったのです。

その後、Ｎくんは「フリースクールの体験入学に行ってみる」と話すようになりました。フリースクールに通って一年後、中学への進学を機に学校に通えるようになりました。

このように、子どもが自分から参加する意思を持つように親が働きかければ、不登校は解決に向かっていきます。そして、そのカギとなるのが会話なのです。

Chapter 2

雑談レベルを測ろう！

2-1

「雑談レベル」をもとに現状を分析しよう

「雑談レベル」とは?

ここまで、承認欲求の満たされ具合を紙コップの水にたとえて説明してきました。承認欲求の水位が50％以上になると子どもは登校に前向きになってきますが、50％までの変化も理解しておく必要があります。そのためには、親子関係が変化していることに気づくための「会話に特化した目盛り」が欲しいところですよね。

本書では**会話の目盛りを「雑談レベル」**と呼びます。承認欲求が満たされるにつれ、子どもは親に本音を話すようになります。その変化は、子どもの話し方や内容に

現れます。それを表すのが雑談レベルです。

雑談レベルは、４段階で構成され、子どもの承認欲求が満たされるにつれ０から３まで上がっていきます。それぞれのレベルの特徴は次のとおりです。ただし、子どもによって各レベルの様子は異なるため、必ずしも「左の特徴＝そのレベル」というわけではありません。あくまで目安としてください。

- **雑談レベル０…話しかけても返事がない**
- **雑談レベル１…興味のあることだけは話してくれる**
- **雑談レベル２…親の話にあいづちは打ってくれる**
- **雑談レベル３…学校のことを自ら話してくれる**

事例Eくん

リビングで一緒に過ごす時間が増えた（雑談レベル0⬇1）

高校1年生のEくんとお父さんは、2人で暮らしていました。中学校のときから不登校だったEくんのために、お父さんは通信制高校を選んで出願の手続きをしました。高校生活が始まったものの、Eくんは自分の部屋にこもってばかりです。食事やお風呂はお父さんが寝静まった後に済ませるなど、雑談レベルは0でした。

お父さんは、「息子の苦しみを聞いてあげられる父親になりたい」という思いで、本書の承認欲求を満たす取り組み（Chapter3 以降）をおこないました。

すると、Eくんの態度に変化が現れました。以前は、リビングにお父さんが現れると何も言わず退室していたのですが、取り組みを始めてから約1か月後、お父さんとリビングでプロ野球中継を見るようになったのです。そして「僕は、この選手を応援しているんだ」と話してくれるようになりました。

事例Fさん
「ありがとう」と言ってくれるようになった（雑談レベル1⬇2）

高校2年生のFさんは起立性調節障害を発症し、毎日家で過ごすようになりました。筆者のもとへ相談に来たとき、この親子の雑談レベルは1でした。好きなアーティストのことなどは話してくれますが、学校や進路については口を閉ざしてしまいます。

その後、親御さんが本書の取り組みを続けたところFさんの言動に変化が現れました。いままでは、病院へ送ってあげても無言だったのが、ある日を境に「運転、ありがとう」と言ってくれるようになったのです。親御さんは「いままでは無言で乗り降りしていたのに『ありがとう』と言ってくれたので驚きました」と話されました。

事例Gくん

家でひとりごとを話すようになった（雑談レベル2⬇3）

中学2年生のGくんは地元の進学校に通っていました。しかし、クラスメイトとの関係がうまくいかなくなり登校できなくなりました。昼夜逆転し、ゲームばかりの毎日。深夜1時になるとボイスチャットを使うため、Gくんの声で家族が寝られない日もありました。話しかければ答えてくれるものの、表面的なやりとりしかできない、雑談レベル2でした。

親御さんは「息子が何に苦しんでいるのか、わからないのがつらいです」と話されました。そこで、筆者がレクチャーした取り組みを家庭で実践したところ、ある日Gくんが「本当は、僕、学校が嫌いじゃないんだよね」とひとりごとのように話してくれたのです。その日以来、「こんな学校があったら行けそうだ」というう具体的な条件も教えてくれるようになりました。その条件を満たす学校を親子で探し、最終的には転校し、自ら登校するようになったそうです。

不登校の講演会などでは「子どもを信じて黙って見守っていれば、子どもは自分から会話をするようになる」と語られます。しかし、**子どもを信じて黙って見守っていても状況は改善しません。**

不登校の解決のためには雑談レベルを3まで高める必要があります。そのために、まずは現在の雑談レベルを把握しましょう。左より、自分たち（親子）に該当する状況のページを読み、そこで解説しているワークをおこなって、その雑談レベルに該当するか検証してみてください。

- 「話しかけても返事がない」➡50ページ
- 「興味のあることだけは話してくれる」➡52ページ
- 「親の話にあいづちは打ってくれる」➡56ページ
- 「学校のことを自ら話してくれる」➡61ページ

2-2

雑談レベル0 話しかけても返事がない

雑談レベル0の測り方

雑談レベルを測ってみよう！（雑談レベル0）

WORK

基準

次の2つに当てはまるとき、雑談レベル0だと判断できます。

❶声をかけたら聞こえる距離（屋内で1・5m以内）から親が話しかけているのに、何の反応も示さない。

❷❶の状態が2日以上続く。

事例

たとえば、冷蔵庫にジュースを取りに来た子どもに「晩ご飯は7時からだよ」と言います。子どもは聞こえているはずなのに、何も言わずに部屋に戻ったとしましょう。そして、次の日も同じ状態でした。このような場合、雑談レベルは0だと判断できます。もし子どもが無言でうなずいても、言葉による反応ではないので「反応なし」とみなします。

例外

・親が話しかけても、子どもの耳に届いていない場合です。たとえば、子どもがゲームや動画に熱中しているときなどです。
・子どもが声を出せない健康上の理由がある場合も例外です。たとえば、子どもが風邪でのどを痛めているなどです。子どもには返事をしようという意思があるかもしれません。

2-3

雑談レベル1 興味のあること だけは話してくれる

雑談レベル1の測り方

興味のあることとは、それに触れることで**「面白い」「楽しい」というポジティブな感情を引き起こすテーマ**のことです。

雑談レベルを測ってみよう！（雑談レベル1）

WORK

基準

次の3つに当てはまれば、雑談レベルは1といえます。

❶親が黙っているときに、子どもが笑顔（口角の両端が2㎜ほど上がっている状態）で話しかけてくる。

❷話の内容は、娯楽など興味のあることに関連している。

❸その話題をきっかけに親が話しかけても返事は返ってこない。

事例

たとえば、1週間以上会話がない親子がいました。ある日、部屋から出てきた娘が「ねえ、知ってた？　実はアイスクリームって食べても虫歯にならないんだって」と話しかけてきました。お母さんは「そんなことってあるのかな。誰が言っていたの？」と聞くと、娘は答えてくれませんでした。この場合、母娘の雑談レベルは1だといえます。なぜなら、一連のやりとりが❶～❸の基準を満たしていたからです。

❶母親が黙っているときに、笑顔で話しかけてきた。
❷話の内容は、娘が興味を持った雑学についてだった。
❸母親が雑学について質問したが返事がなかった。

このように、雑談レベル1の子どもは親に理解しづらい反応を示します。親は「何かしらの本音を聞きたいな」と思い会話を続けようとしますが、子どもは「本音を探られているのかも」と警戒してしまうのです。

子どもが娯楽的な話題について冗談を交えて話しかけてくる理由は学校や進路に直結しないからです。本人は意識していないかもしれませんが、話題を厳選したうえで話しかけています。

例外

「純粋に用事があって話しかけてきたケース」は例外です。この場合、承認欲求を満たしたくて話しかけたわけではありません。主に、**欲しいものがあるとき**と、**体調不良のとき**の2つです。

欲しいものがあるとき、子どもは親に話しかけてきますが承認欲求は関係ありません。あくまで、欲しいものを手に入れるための手段の1つなのです。

また、体調不良のときも、承認欲求を満たしたくて話しかけているわけではありません。体調不良への不安感から逃れる手段として、親に話しかけています。

子どもに話しかけられたとき「どう返事をすればいいのか」気になると思いますが、この段階では気にしなくて大丈夫です。ひとまず、基準❶～❸に当てはまっているかどうかだけに注目しましょう。

2-4

雑談レベル2 親の話にあいづちは打ってくれる

雑談レベル2の測り方

雑談レベルを測ってみよう！（雑談レベル2）

基準

雑談レベル2かどうかは次の2つの基準で判断します。

❶親が話しかけると、2回に1回はあいづちを打ってくれる。

❷3日に1回は親に話しかけてくる（雑談レベル1と同じ）。

WORK

「あいづちを打ってくれる」のは「話を聞いているよ」という子どもからのメッセージです。つまり、親と会話（親子がそれぞれ話し手と聞き手になり、言葉のやりとりをすること）をしたいと思っている証拠です。

方法

子どもがあいづちを打ってくれるのは「A 話題が安全だと感じたとき」「B 用事に対する返事が必要だと感じたとき」の2パターンです。結論から言うと、Aは「いい変化」ですが、Bは「よくも悪くもない変化」です。

基準❶については「A 話題が安全だと感じたときに子どもがあいづちを打ってくれるか」で判断します。親が持ち出した話題が自分にとって安全だと感じたとき、子どもはあいづちを打ちます。興味がなくても、「ふ〜ん」「そうだね」と言ってくれます。**この場合の「安全」とは学校や進路とは関係がない話題かどうかです。**

たとえば、天気（気温など）・ペット（自宅で飼っている動物や植物など）・エンタメ（音楽・スポーツ・ゲームなどの娯楽）の分野は安全な話題の代表格です。

注意点

これらの話題であっても学校や進路の話に関連付けて話すと、次回からあいづちを打ってくれなくなる可能性が高くなります。**雑談レベルが2になったばかりの段階においては、2回に1回あいづちを打ってくれるだけで大成功**です。雑談レベル2でも0に戻ってしまうことはあるので、慎重に先に進めていきましょう。

誤解されがちなBについても触れておきます。たとえば、「買い物に行くけど何か欲しいおやつある？」と聞けば「チョコモナカ」と答えてくれるなどです。残念ながら、これは雑談レベル2に該当しません。なぜなら、用事に対して答えているだけ（チョコモナカが欲しいだけ）だからです。

ポイント

雑談レベル2ではあいづちを打ってくれますが、毎回打ってくれるわけではありません。雑談レベル2に近いレベルまできているのに、**親が話しかけても子どもがあいづちを打ってくれない理由**は2つあります。

・話題が学校のことになりそうだから
・何と答えていいかわからないから

「何と答えていいかわからないから」の仕組みを簡単に説明します。これは、親の「追及」や「否定」から自分を守るために「間違った答えを言ってしまうぐらいなら黙っておこう」ということです。たとえば、「将来のこと、どう思っているの？」という抽象的な質問をしたとします。これにどう答えるのが「正解」なのか、子どもはわかりません。むしろ、将来のことをあえて考えないようにしているぐらいです。

正直に「わからない」と答えても「ちゃんと考えて」と言われるのだろうなと子どもは想像します。それなら黙っておこうとなるのです。黙っておけば「聞こえなかっただけ」と言うこともできます。

子どもに悪気はなく、ただ自分自身を守るためにしています。このような場合、**「親はありのままの自分を受け入れてくれる」という安心感を持つことができれば、あいづちや返事をしてくれるようになります。**

例外

別のことに夢中になっていて、親の言葉がそもそも認識できていない場合は例外です。たとえば、冷蔵庫からお茶を取り出している子どもに「おやつ買ってきたよ」と話しかけても返事はなく、そのまま部屋に戻っていったとします。このとき子どもは「ゲームの攻略法を考えていただけ」かもしれません。

子どもは、親とはまったく別のところに興味を持ち、そこに思考を集中していることがあります。このような場合は、別の機会に再度伝えてみるようにしましょう。

2-5

雑談レベル3 学校のことを自ら話してくれる

雑談レベル3の測り方

WORK

雑談レベルを測ってみよう！（雑談レベル3）

基準

雑談レベル3の基準は、「子ども自身から次の3つについて話してくれたかどうか」です（1つでも当てはまったら雑談レベル3です）。

❶学校に関すること

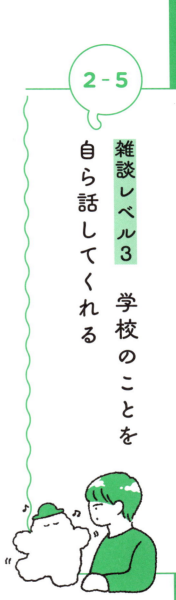

❷勉強に関すること
❸進路に関すること

たとえば、「高校受験のことが気になる」と子どもが話してきたときは雑談レベル3になったと判断できます（❷と❸に該当）。

雑談レベル3に到達したら、親子で将来について前向きに話せるようになります。❶～❸のそれぞれのポイントを意識すると、聞き逃しを防ぐことができます。

ポイント

❶学校に関すること

ここは子どもが「学校」というキーワードを使うのでわかりやすいと思います。48ページの「本当は、僕、学校が嫌いじゃないんだよね」と話した男子中学生が当てはまります。ただし、この子の場合、ひとりごとのようなかたちでした。こういったときは距離が判断材料になります。**「親の半径1・5m以内でのひとり**

ごと」も「話してくれた」とみなしてください。

❷勉強に関すること

勉強といえば学校の授業や受験勉強が挙げられます。しかし、それだけが勉強とは限りません。学校の教科とは関係のない「習い事」なども勉強ととらえましょう。

❷の話をするということは、**「学ぶことそのもの」に興味が芽生えてきたという証拠**です。たとえば、K-POPが好きな中学生が「韓国語を習ってみたい」と言ったときは❷に該当するととらえてOKです。翻訳アプリを用いるのではなく、わざわざ「習いたい」と言うことは、語学の勉強に興味が湧いてきたことを表しています。

❸進路に関すること

多くの親は、進路と聞くと「進学したい高校・大学」「就きたい職業」の2つに注目しがちですが、それだと❸を見逃してしまいます。なぜなら、**不登校の子ど**

もの場合、進路は消去法で語られることが多いからです。

たとえば、ある男子中学生が、親に「俺、サラリーマンは無理だと思う」と話しました。これは、将来について悲観的な意見を言っただけのように聞こえます。しかし、「サラリーマン以外の何かを目指そうと思っている」という意思を、消去法で語っているのです。消去法で語る理由は、特定の進路を肯定的に語ってしまうと、後で親に「○○になりたいと言ったじゃない」と言われるかもしれないと恐れているからです。雑談レベル3になったばかりのころは、「何になりたいか」まではなかなか教えてくれませんが、進路について親と話す気があることは確かです。実際、この男子中学生は、親と話しながら自ら進路を決め、高校卒業後にはフリーランスの動画編集クリエイターとして収入を得るようになりました。

雑談レベル3になったかどうかを❸で判断するには、「○○にはなれない・○○にはならない」というキーワードにも注目しましょう。

方法

まずは、子どもからどんなふうに話しかけられたいかを考えてみましょう。**理想は、❶～❸のうち、いずれかを使った会話が親子でできること**です。その最中に、子どもが「どうしたらいいのかな？」と相談してきてくれたら、なおよいと思います。相談をしてきてくれれば、子どもは親の発言に耳を傾けてくれます。

子どもから相談してきてくれる状況をつくるためには、❶～❸の話題について子どもから話しかけられたときに、あえてあいづちだけで会話を終わらせてみてください。たとえば、「なるほどね」というあいづちがおすすめです。「なるほどね」とあいづちを打つだけで会話が終わると、子どもは「親からヒントを得られない」ということを理解し、ネットで検索などをするでしょう。

すると「担当者から説明を受けたい」「現地に行ってみたい」など、ネットの閲覧だけでは解決できない問題に直面するタイミングが出てくると思います。その結果、子どもは「どうしたらいいのかな？」と親に聞いてくるのです。

●**ワーク1**

直近1週間で、子どもが話しかけてきた話題を書き出しましょう。書き出したら、❶～❸のどれに当てはまるか考えましょう。

例1：「高校に進学しても、毎日は通えないと思う」⬇❸に該当

例2：「釣りを習いたい」⬇❷に該当

●**ワーク2**

子どもが話しかけてきたときに、親がとった言動を書き出してみましょう。

例1：「高校に進学しても、毎日は通えないと思う」に対して「なるほどね」とあいづちを打った。

例2：「釣りを習いたい」に対して「そうなんだ」と言った。

注意

親から❶～❸に関する話を振ったほうが手っ取り早いのでは、と思う方もいらっしゃると思います。しかし、実際は逆で、親から話しかけると子どもは警戒し、

❶〜❸についての話をしなくなります。なぜなら、「親が持つ考えを押し付けてくるのではないか」と思うからです。そのため、親から❶〜❸に関するキーワードを使って話を振るのは避けるようにしましょう。

例外

「学校」というキーワードが、好きな動画や曲の内容に関する場合は例外です。たとえば、学園もののアニメの話を子どもがしていたとき、それは「学校」のことではなく、アニメの話といえます。そのため、この場合は雑談レベル3ではありません。

「YouTuberになりたい」「プロスポーツ選手になりたい」といった、親からすれば非現実的だなと感じる夢だとしても、子どもが自ら話してくれたのであれば雑談レベル3と考えましょう。

COLUMN

「最短の日数で再登校させる」のはよいこと？

インターネット上では、不登校の画期的な解決法として「最短の日数で子どもを再登校させるサービス」が注目を集めています。これには賛否両論あります。「1日でも早く学校に行って欲しい」という親の願いを叶える素晴らしいサービスだという評価もある一方、「子どもの本音を無視しているのでは」という指摘もあります。こうした流れを受けて、「再登校を目指すことがよい・悪い」という論争が起きているようです。

筆者は最短の日数で再登校させることがいい場合と、悪い場合を見極めないといけない、と思います。

もしも、子どもが自分から「早く学校に戻りたい」と言うのなら、最短の日数で再登校させることが正解だと思います。逆に、何も言わない場合や「休みたい」と言う場合は、不正解と考えるべきです。

子どもの本音（意思）を聞くためにも、まずは雑談レベル3を目指しましょう。

Chapter 3

子どもの承認欲求を満たす取り組みをしよう！

3-1

全雑談レベル

意識すべきこと

『命令』『禁止』の言葉かけを減らす

これから、雑談レベル別の対処法をお伝えしますが、その前にすべての雑談レベルの方に知っておいていただきたいことがあります。それは、「**紙コップにアイスピックを刺さないようにしよう**」です。

では、「紙コップにアイスピックを刺す行動」とはどういったものでしょうか。それは、**『命令』や『禁止』といったマイナスの承認となる言葉かけ**のことです。

『命令』とは「〜しなさい」と語尾につく言葉です。たとえば、「起きなさい」「お風呂に入りなさい」などがあります。**『禁止』とは「〜してはいけません」「〜しちゃダメ」**と語尾につく言葉です。たとえば、「わがままを言ってはいけません」「ピーマンを残しちゃダメ」などです。

『命令』と『禁止』のすべてがいけない、というわけではありません。子どもが自分から学校に通っている限り、どこかで承認の水を補充できているので『命令』と『禁止』の言葉かけをしても大丈夫だと筆者は思います。

しかし、不登校になると友だちとの交流がなくなってしまうことがほとんどです。**この状態で『命令』や『禁止』の言葉かけをおこなうと、承認欲求の水位が下がり続けて、いつの間にか雑談レベルが0になってしまう**のです。

『命令』と『禁止』の役割を理解しておこう

『命令』と『禁止』の言葉かけは、「自分の心と体を守りたい」という子どもの安全欲求を脅かします。**安全欲求が満たされていない状態で承認欲求が満たされることはありません**。

『命令』と『禁止』の言葉かけを受けた子どもは「恐怖」を連想します。たとえば、「学校に行きなさい」（命令）と言われると、子どもは「それをしないと、どうなるんだろう？」と考え、「親や友だちに変な目で見られる・バカにされる」と思い、恐怖につながっていきます。そして最終的には、外に出られなくなるのです。

『命令』『禁止』は「人の行動を強制するために恐怖を連想させるもの」なので、本来の役割を果たしてはいるのですが、**承認欲求が満たされていない状態の子への言葉かけとしては避けるべき**です。

3-2

全雑談レベル

言い換える力を身につける

『命令』『禁止』を『許可』に言い換える

『命令』『禁止』の言葉を言いそうになったときは、安全な言葉である『許可』に言い換えてみましょう。たとえば「〜していいよ」などがあります。

『許可』は行動をとるかどうかの決定権が子どもに委ねられるため、「恐怖」を呼び起こさず安全欲求にも影響しません。たとえば、親が「勉強しなさい」と命令したとき、子どもに与えられた選択肢は1つ「勉強する」のみです。なぜなら「勉強しなかったら怒るよ」という裏の意味が伝わってくるからです。

ところが、「勉強するのはいつでもいいよ」と言われると「勉強する」と「勉強しない」の選択肢が与えられます。この場合はどちらを選んでも怒られないので、子どもは「安全だ」と感じます。「勉強しない」と言われることに不安や抵抗があるかもしれませんが、**ここでは『許可』の言葉かけを意識していくべき**です。

『命令』『禁止』はやめて『許可』に言い換えていきましょう。理想としては、すべての言葉かけを『許可』の表現に変換することです。

とはいえ、現実的に考えるとすべての言葉を『許可』に置き換えることは不可能です。そこで、**まずは最もよく使う『命令』『禁止』の言葉を『許可』に言い換えてみましょう**。これだけでも、安全欲求を脅かす恐怖の数を減らすことができます。

WORK

『命令』『禁止』の言葉を『許可』に言い換えよう！

方法1

よく家で使っている『命令』の言葉を2つ、『許可』の言葉に言い換えます。考えるのが難しい場合は、次のどちらかを選び1日1回子どもに伝えてみましょう。

①お風呂に入りなさい ⬇ お風呂だけど、いつ入ってもいいよ

②ご飯を食べなさい ⬇ ご飯できてるから、いつ食べてもいいよ

方法2

次に、よく使っている『禁止』の言葉を2つ、『許可』の言葉に言い換えます。考えるのが難しい場合は、次のどちらかを選び1日1回子どもに伝えてみましょう。

①こんな時間までゲームしちゃダメ ⬇ 寝るのはいつでもいいよ

②お昼まで寝ていてはダメ ⬇ 起きるのはいつでもいいよ

あなたと子どもの雑談レベルはいくらでしたか？ 111ページまでは、自分たちに該当する雑談レベルのページから読んでみてください！

3-3

雑談レベル0 子どもの興味がありそうな話は振らない

子どもの興味がありそうな話を振るのはNG！

雑談レベル0の親子が目指すのは、話しかけても返事をしてくれない状態（雑談レベル0）から、興味のあることだけでも話してくれる状態（雑談レベル1）にすることです。

ここでよくやってしまうのが、興味のあることを聞き出そうとしてしまうことです。

しかし、**雑談レベル0の段階で質問をすると、子どもは「どうせ親に話しても認めてもらえない」「結局学校の話になるのだろうな」と思い親を避けるようになってしまい**

ます。

雑談レベル1の子が興味のあることだけを話してくれるのは、承認の水がたまった結果にすぎません。そのため、**この段階では、「短い言葉かけ」と「感謝の言葉かけ」で子どもの承認欲求を少しずつ満たしていきましょう。**代表的な方法を2つ紹介します。日々の生活のなかで取り入れてみてください。

WORK

❶「短い言葉かけ」で子どもの承認欲求を満たそう！

方法

まずは、「あいさつ＋名前」を言うようにしてみましょう。たとえば、「おはよう、〇〇くん」「おやすみ、〇〇ちゃん」などです。あいさつは、単に子どもの承認を満たすだけではなく、返事が返ってくるようになることで、「雑談レベルが1に近づいてきているのだな」と推測できます。また、あいさつという短い言葉だからこそ、子どもからの反発が少なく、継続して取り組むことができます。

ポイント

ポイントは、あいさつの後に子どもの名前を呼ぶことです。名前を呼ぶと、子どもの存在価値を高めることができ、承認欲求を満たせます。「あなたは私にとって名前を呼ぶ価値のある人だ」という意図が子どもに伝わるのです。

ここで、**家族内のポジションで子どもを呼ぶことはやめましょう**。弟か妹がいる場合には「お兄ちゃん」「お姉ちゃん」と呼んでいる方もいるのではないでしょうか。この呼び方は、「兄や姉としてふさわしい振る舞いをしないといけない」「妹・弟のお手本になることを求められている」と、子どもが感じる可能性があります。その結果、親と顔を合わせないようになることもあり得ます。

ゴール

雑談レベル０の本ワークでは、**子どもからあいさつが1日1回返ってくること**がゴールです。この状態が続けば、雑談レベルは０から１（興味のあることだけ話してくれる状態）へと少しずつ上がっていくでしょう。

❷「感謝の言葉」で子どもの承認欲求を満たそう！

WORK

方法

次は、「感謝の言葉かけ」です。「ありがとう」を子どもに伝えてみましょう。「ありがとう」には「❶行為に感謝する」と「❷存在に感謝する」の2つのパターンがあります。

❶行為に感謝する（〜してくれてありがとう）

承認の言葉かけをおこなおうとする親から、よく「子どもに『ありがとう』を言いたくても、言える場面がありません。子どもがお皿を洗ってくれるわけでもなく、洗濯物を取り入れてくれるわけでもないので、「ありがとう」という場面がないです……」という相談を受けます。

ここで大事なのは、子どもの行為が親の役に立っているのかではなく、本人の役に立っているのかどうかです。たとえば、食事や睡眠は本人の健康維持に役立っているといえます。子どもが健康でいてくれることは親としても嬉しいはずです。であれば、本人の健康に役立つ行為に感謝することも自然です。たとえば、食事が終わったときの「ご飯を食べてくれてありがとう」や、お風呂から出てきたときの「お風呂に入ってくれてありがとう」などです。

❷存在に感謝する（いてくれてありがとう）

これは、子どもが「いま、ここ」にいてくれることに対する感謝です。目の前の子どもが「なぜ、いま、ここ」に存在するかを考えてみると、それはとてもありがたいことに気がつくと思います。「ありがとう」の語源は「有り難し」だといいますが、まさに有ることが難しいわけです。

これを子どもに伝える方法の1つは**「顔を見せてくれてありがとう」と言う**ことです。たとえば、子どもが自室から出てきたタイミングで、この言葉をかけます。子どもは「自室から自分が出てきたときに親がどう反応するのか」をとても気にしています。雑談レベル0の子だと、親の目を怖いと感じていることが多いです。そんなかで「顔を見せてくれてありがとう」と言われれば、子どもは安心でき、**「自分はここにいていいんだ」と感じるようになる**のです。

準備

ワークを実践する前に、「場面」と「ペース」を設定しておきましょう。

「場面」とは「『いつ・どこ』で子どもに言葉をかけるか」です。たとえば、パートから帰ったら子どもの部屋に行き「ただいま、〇〇（名前）」と言葉をかける、などです。あらかじめ『いつ・どこ』を設定しておくことで、言葉かけを実行しやすくなります。

次に**「ペース」とは、「1週間のうちに何日間取り組みをおこなうか」**です。たとえば「土・日の2日間」や「月・水・金の3日間」です。望ましいのは「3〜7日間」です。

「場面」と「ペース」を決めたら、行動内容が決まります。たとえば、「毎週火・

木・土の3日間、パートから帰ってきたら子ども部屋に行って『ただいま、〇〇』と言う」などです。

決まった行動内容は、**最低でも1か月は続けてみてください**。

また、言葉かけをおこなう最適なタイミングを知るには、自分の声をスマホなどで録音して聞いてみる方法があります。録音を聞くと、「朝は言い方がとげとげしい」「寝る前は優しく言えている」などの気づきがあると思います。優しく言葉をかけられる時間帯を選ぶとよいでしょう。

ゴール

本ワークのゴールは、**子どもが親のいるリビングで1分間以上過ごすようになること**です。「親と一緒に1分間以上過ごしても大丈夫」という経験を重ねると、滞在時間や回数がのびていき、雑談レベルは徐々に上がっていきます。

雑談レベル0「特有の難しさ」がある

「理屈はわかったけど、ワークを実践するのは難しい」と思った方もいると思います。そんな方のために、理由と対策を説明します。

雑談レベルを0から1へと上げていく過程を難しいと感じるのには、理由があります。それは「**雑談レベル0特有の孤独感**」があるからです。雑談レベル0では、子どもから話しかけられることはなく無視されている状態が通常です。そんななかで言葉をかけていくのは、**まるで壁に話しかけているような作業**ともいえるでしょう。

しかし、雑談レベル1以上になれば、子どもは親に話しかけてきてくれます。そのため、「**雑談レベル0で親が抱く孤独感には終わりがある**」ということをまずは知っておきましょう。終わりがあるから、いまはやるべきことを淡々とやる、そのような意識で始めてみてもよいと思います。

雑談レベル0だからこその「気軽さ」もある

また、逆に考えれば雑談レベル0は気軽ともいえます。なぜなら、雑談レベル1以上だと親は子どもの言動にうまく反応しなくてはいけなくなりますが、**雑談レベル0では親は自分のペースで言葉かけを実践してよい**のです。

雑談レベル0では、子どもの反応を基準にするのではなく、自分がおこなった言葉かけの回数や期間を基準にして**「やることはやった」という気持ちを大切に**しましょう。

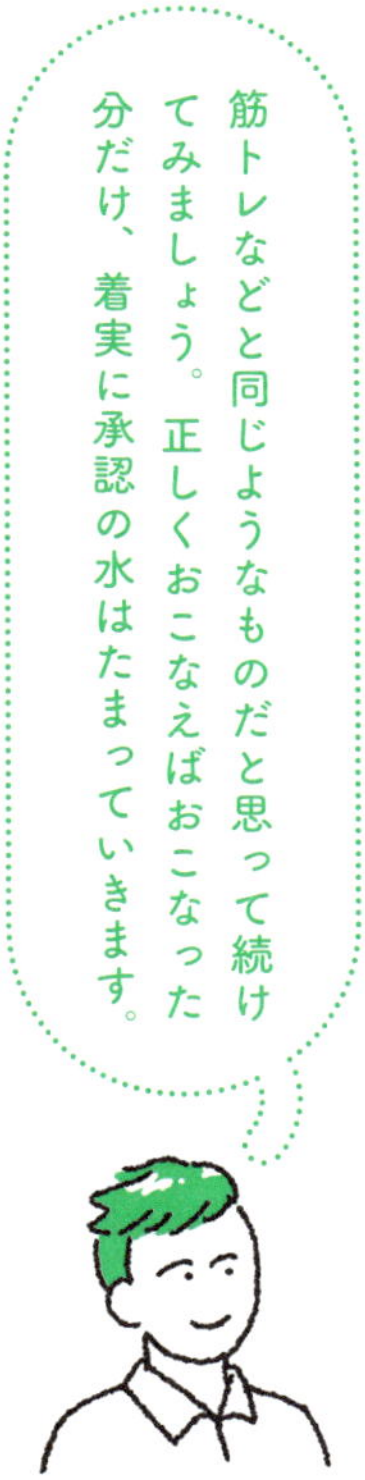
筋トレなどと同じようなものだと思って続けてみましょう。正しくおこなえばおこなった分だけ、着実に承認の水はたまっていきます。

3-4

雑談レベル1
親の「あいづち」がポイント

「聴く力」＝「あいづち」

雑談レベル1になると、子どもは「興味のあることだけは話してくれる」ようになります。そこで、次は雑談レベル2「親の話にあいづちは打ってくれる」状態を目指します。

子どもがあいづちを打つようにするためには、**「子どもにあいづちの仕方を学習させる」「子どもの承認欲求を満たす」**の**両方が必要**となります。この2つを同時に満たすために、ここでは親が子どもの発言に対して、効果的なあいづちを打っていきましょう。

WORK

雑談レベル2につながる「あいづち」を打つ

方法

❶子どものポジティブな話には「いいね」とあいづちを打つ
❷子どものネガティブな話には「なるほどね」とあいづちを打つ

使い分けが難しい場合は、「なるほどね」と言うことをまずは第一としてみましょう。「なるほどね」はネガティブな話題に対するあいづちと紹介しましたが、ポジティブな話題で使っても不自然ではありません。

ポイント

子どもの発言に対して親が「いいね」「なるほどね」とあいづちを打つことで、雑談レベル1の子どもは、いつしか親の発言にあいづちを打ってくれるようになります。しかし、**子どもがいつ発言するかは本人次第**です。

よくあるのは、「話が盛り上がれば『また親と話そう』と思ってもらえそうだから、親が頑張って話を盛り上げようとする」ことです。確かに、話が盛り上がれば子どもは「楽しいな」と感じます。

しかし、**親が積極的に話を盛り上げようとすると子どもが話しかけてくる回数は減ります**。なぜなら、無意識のうちに親が会話の主役になってしまうからです。雑談レベル1の子どもが親に求めているのは「最低限のあいづちを打つだけで、そのほかは黙って話を聞いてくれること」です。

子どもとの会話を弾ませたい・盛り上げたいと思う気持ちは自然なことです。ただし、ここではその気持ちをグッとこらえて、話が盛り上がるかどうかは気にせずに取り組みましょう。

ゴール

ゴールは、子どもが1日1回親に話しかけてくるようになることです。これが達成できれば、会話の盛り上がりなどはそれほど重要ではありません。

子どもは承認欲求が満たされて安心すると、親へ話しかける（興味のあるテーマの話をしてくる）頻度が上がってきます。1日1回だったのが、1日2回になり、やがて3回になります。

会話の頻度が上がり承認される回数が増えると、親子にとって2つよいことがあります。1つ目は「子どもの承認の水を効率よくためることができ、またためる速度も上げていくことができる」ことです。

そして2つ目のよいことは「承認の学習が効率よく進む」ことです。自転車などの運動と同じように、承認も、経験が多いほど学習が進み「自分も親を承認できそうだ」という気持ちになっていきます。そして、「親を承認してあげたいな」と思う余裕が、子どものなかに生まれてくるのです。

「いいね」と「なるほどね」が持つ役割

それぞれに役割があるため、それを知り、うまく使い分けて子どもの承認欲求を満たしていきましょう。

まず、「いいね」はポジティブな話に対するあいづちです。ポジティブな話というと、学校や進路のことだと思われがちです。確かに、親としては将来の見通しが立つので、ポジティブな話といえます。しかし、雑談レベル1の子にとっては、学校や進路の話はまだ避けたい内容です。

子どもにとってのポジティブな話とは、「自分のテンションが上がること」です。たとえば「昨日、ゲームでレアなアイテムをゲットした」などです。このときに「いいね」と言ってあげると、子どもの承認欲求は満たされます。

事例Hくん

「いいね」を続けた結果、行動に変化が起きた

ある日、筆者が支援する男子中学生Hくんのお母さんから「Hがこう言って喜んでいた」という報告をもらいました。

「僕が何か言うと、小松さん（筆者）が「いいね」と言ってくれるんだよ！」

テンションが上がった出来事を話したときに「いいね」と認められると、子どもは承認欲求が満たされ、自らいろいろな行動をするようになります。Hくんの場合、中学校には行きませんでしたが、自分から英検準2級の勉強に取り組み見事合格し、その後高校に進学しました。子どもがポジティブに感じた出来事を見逃さず、「いいね」と言ってあげるようにしましょう。

次に、「なるほどね」は、**子ども視点でネガティブな話題に対して使います**。たとえば、「ゲーム機が壊れた」と子どもが話してくれたとき、親からすれば「これでゲームができなくなる」と少しポジティブに感じるかもしれません。

しかし、子どもからすれば、日課だったゲームができなくなるのですからネガティ

ブな出来事です。この場合は「なるほどね」とあいづちを打ちます。その後に「そうか」「どうしてかな？」と続けるのは構いません。**第一声で肯定も否定もせず受け止めることが大事**だからです。

ここで「『残念だったね』『つらいね』と、もっと共感してあげるべきだ」と思う方もいると思います。しかし、**雑談レベル1の子どもに対して共感の言葉を口にするのはリスクがあります。**

もし、親の言った「共感の言葉」が子どもの気持ちとずれていると、反論や八つ当たりを引き起こす可能性があります。たとえば、ゲーム機が壊れたとき、子どもは残念さよりも怒りを感じていた場合、「残念だったね」と言われると「残念じゃない！」と怒りの矛先が親に向かってしまいます。

その点、「なるほどね」というあいづちなら子どもの気持ちを代弁していません。ネガティブな出来事をただ認めているだけです。子どもが残念と思っていようと怒っていようと、すべてを受け入れてあげることができるのです。

どんな話題でも認めてもらえることで、子どもは承認欲求を満たしながら「承認の仕方」を学習していきます。そして、だんだんと親の話にあいづちを打ってくれるようになっていくのです。

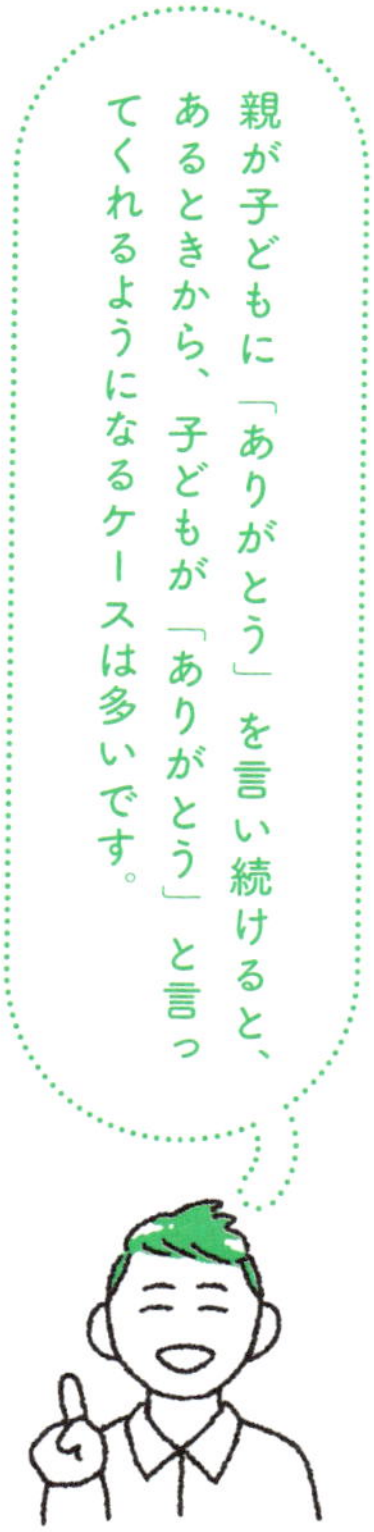
親が子どもに「ありがとう」を言い続けると、あるときから、子どもが「ありがとう」と言ってくれるようになるケースは多いです。

3-5
雑談レベル2
「会話の成立」を重視する

会話を続けることを目指そう！

雑談レベル2になると、親の話にあいづちを打ってくれるようになります。そこで、次は雑談レベル3「学校のことを自ら話してくれる」状態を目指します。

雑談レベル2では、1往復の会話「親から子どもに話しかけ、あいづちなどの反応がある」がおこなわれていると思います。たとえば、「今日は暑くなるみたいだね」と親が言ったときに、子どもが「そうだね」と答える、これが会話の1往復です。雑談レベル3に進むには会話が2往復以上必要となります。そこで、まず**雑談レベル2で**

は、引き続き子どもの承認欲求を満たしつつ、会話の往復数を増やす取り組みをおこなっていきます。

WORK

2 往復以上の会話を目指して子どもに話を振る

方法

「天気」「ペット」「エンタメ」の3つのテーマを意識して子どもと会話をしてみましょう（ほかのテーマでも構いませんが、その場合は次に紹介するポイントのAとBを満たすものにしてください）。また、次の質問に答えて、子どもへの話しかけ方を考えてみるとよいです。

❶今日の「天気」をもとに、子どもにどのように話しかけますか？
❷最近目にした「ペット」のかわいい仕草は何ですか？
❸子どもが好きな「エンタメ」のジャンルは何ですか？ 思いつかない場合は、次から1つ選んでみましょう（音楽・ゲーム・アニメ・お笑い・スポーツ）。

ポイント

❶〜❸のテーマに共通しているのは、**A 子どもが興味を持てること、B 子どもにとって他人事であること**です。❶〜❸以外のテーマを選ぶときは、どちらか1つではなく、AとB両方を満たしている必要があります。

なぜなら、子どもにとって興味のない話題で親が話しかけても、無視される可能性があるからです。たとえば、時事問題に興味のない子どもに国会の話をしても無視されるでしょう。また、たとえ興味があっても、自分事の話題（学校や勉強の話題）では子どもは会話をしてくれません。

このように**AとBの両方を満たすテーマで、子どもに話しかける必要があります**。そういったテーマは考えればいろいろとありますが、あらかじめ決めておくと話しかけるときに楽になります。

各テーマで意識すること

●天気の話題

天気の話題とは、**気温・湿度・空の様子など**です。たとえば、「今日は暑いね」「今夜は星が綺麗だよ」と子どもに話しかけます。天気は快適さに影響するので、子どもが1日を過ごすうえで無関係ではいられません（A）。また、子どもの努力で左右できるものではないので、他人事ともいえます（B）。

ただし、**天気の話題だけでは2往復以上の会話を成立させることは難しい**です。「今日は暑いね」と言えば「うん」と返ってくるところまでは想像できるでしょう。しかし、続けて「午後からも晴れるらしいよ」と親が言った後にあいづちを打ってくれるかは子ども次第です。

そのようなときは、2往復目で別の話題に切り替えるとよいです。たとえば、先ほどのやりとりをした後に「金魚（ペット）も暑いだろうね」と話します。するとと「そうだね」とあいづちを打ってくれる可能性が高まります。このように、**「複数のテーマで話を続けて会話を生み出す」などの工夫をするとよい**でしょう。

●ペットの話題

本書では、「ペット」を**「子どもが気にかけている動植物全般」**としています。子どもが水やりをしている花などがあれば、それもペットととらえます。さらに、近所のお寺の池に住んでいるカメなどでも、子どもが気にかけていればペットに当てはまります。

また、過去に出会っていたもの、これから出会う予定のものでも構いません。「あの川で見かけた魚たちは元気かな」「今度飼う予定の犬の名前は何がいいかな」などです。

●エンタメの話題

「エンタメ」とは、エンターテインメント（娯楽）の略です。本書では、**音楽・ゲーム・アニメ・お笑い・スポーツなど「子どもが好んで自ら触れるコンテンツ」**を指します。

「親としては嫌だと感じるものでも、話題にしたほうがいいですか？」と聞かれることがあります。たとえば、子どもが見るアニメの戦闘シーンが暴力的だから触れたくないなどです。そのような場合、親が不快な思いを我慢してまで、その話題を子どもに投げかける必要はありません。天気やペット、あるいは別のエンタメ分野について話しかけてみるのがよいと思います。

子どもが好んで触れるコンテンツがわからない場合は、子どもが以前話しかけてきた話題について、「あれからどうなった?」と質問してみましょう。たとえば、「PCの調子が悪い」と言っていた子どもには「PCの調子はあれからどう?」と聞いてみます。これは子どもにとって安全な話題なので、返事をしてくれる可能性は高いです。

ゴール

ゴールは**「1週間に1日、子どもと2往復の会話が、3週間以上続く」**です。ただし、話しかけるタイミングには注意が必要です。よくあるのは、子どもが画面(テレビやゲーム)を見ているときに話しかけるケースです。子どもが何かに集中しているときに話しかけると、「うるさい」と言われることもあり得ます。うまく話しかけるには、**子どもがスマホやテレビの画面から3秒以上目線を離したタイミングを目安に**します。たとえば、飲み物を探しているときなどです。

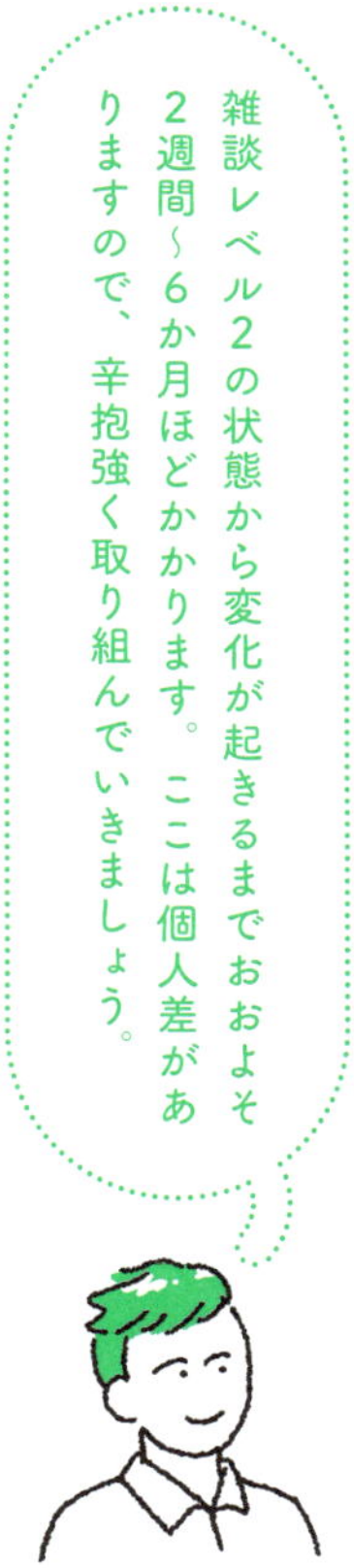
雑談レベル2の状態から変化が起きるまでおおよそ2週間〜6か月ほどかかります。ここは個人差がありますので、辛抱強く取り組んでいきましょう。

3-6

雑談レベル3 「子どもの希望」を聞いて進路を一緒に考える

子どものペースで学べる場所を探そう

子どもの承認欲求を満たしつつ2往復以上の会話ができるようになると、徐々に子どもとの会話が弾む日が増えてきて、子どもから学校や進路について話をしてくれる状態になります（雑談レベル3）。

この段階にくると親は大きな喜びを感じられると思います。「天にも昇るような気持ち」「宝くじに当選したぐらい嬉しい」と話す相談者もいます。

ここでおこなうことは「**子どもが自分のペースで学べる場所を選ぶ**」です。もし、子どもが「学びの場所に行きたい」「でも、どこが自分に合うかわからない」と話す場合は、**次ページの方法で子どもに合った学校・進路の条件を3つ書き出してみましょう。**

子ども自身で決めることができそうな場合は、具体的な学校名・施設名を紙に書き出してもらいます。書き出すことで本人の意思表明になります。また、新たに情報を収集した際には、書き加えていきましょう。

事例Ｉくん

親子で話し合い通える学校の条件を書き出した

ある男子中学生のＩくんは「僕の過去を知っている人がいない学校なら行きたい」とお母さんに話しました。なぜ過去を知られたくないかというと、小学校のときに同級生とトラブルがあったからです。中学校でも噂が広がり、友だちをつくりにくくなるのが嫌だったのでしょう。そこで、お母さんはＩくんと話し合い、次の3つの条件で「通える学校」を探しました。

・Iくんの過去を知っている人がいない学校
・自宅から通える距離にある学校
・好きな部活がある学校

そして、Iくんは転校し、学校に通えるようになりました。転校先が、彼にとって「自分のペースで学べる場所」だったのです。

WORK

子どもに合った学校の条件を絞ろう

方法

次の3つのステップをとおして、子どもの理想や欲求を実現できるような条件を3つ書き出してみましょう。**条件を書き出す際は、必ず親子で話し合って考えてください。**

ステップ1…本音を聞き出す

まず、子どもが本音で話してくれることが前提です。もし、建前をもとにして話を進めてしまうと、本当は行きたくない場所を選んでしまったり、また不登校になってしまったりする可能性が高まります。

雑談レベル3であれば、子ども自ら学校・進路・勉強のことを話してくれる状態になっているはずなので、**そういった話になったら1時間以内に「〇〇くん（ちゃん）は、どうなりたいとかある？」と聞いてみましょう。**もしバタバタしていて1時間以内に直接質問するのが難しいときは、ＬＩＮＥなどで子どもに聞いても大丈夫です。「どうなりたい？」と聞くと「僕の過去を知っている人がいない学校なら行ってみたい」など、子どもの理想を教えてくれます。

「子どもが『わからない』と答えたらどうしよう」と不安に思われる方もいることでしょう。このままずっと学校・進路の条件が決まらないのではないだろうか……と思う気持ちもわかります。

ただ、**「どうなりたい？」と聞くのは、あくまで子どもに自分の理想をイメージさせるため**です。

実は、子どもは親が質問をしなくても、将来のことを考えているものです。ただし、**「なりたくない姿」をイメージしていることが多い**のです。

筆者が実際に、子どもたちから聞いたものだと「子ども部屋おじさんにはなりたくない」「ひきこもりニートにはなりたくない」といった声がありました。

このように、親が質問をしなくても、すでに子どもは将来の姿をイメージしているので、その**イメージの方向性をネガティブなものからポジティブなものに変えてあげるだけでいい**のです。

「どうなりたい？」という質問をきっかけに、子どもは「自分はこの先どうなりたいんだろう？」と自問自答するようになるため、「わからない」という答えが返ってきても「なるほどね」と受け止め、また数週間後に問いかけてみましょう。

ステップ2の前に

ステップ2を進める前に、知っておいてほしいことがあります。それは、「**子どものなりたい姿の裏には承認欲求がある**」ということです。

雑談レベル3になると「家族以外にも認められたい」と思うようになります。子どもが答えてくれる「なりたい姿」の裏には「第三者にも認められたい」という欲求があるのです。

たとえば、「友だちと普通の学校生活を送りたい」と話したとします。この発言の裏には、「家庭内で一定の承認欲求は満たされたから、次は友だちに認められたい」という気持ちが隠されています。結果、友だちと関わりが生まれる場である学校や進路に目が向き始めたのです。

「**親以外にも認められたいんだ**」**と理解した上で話を聞いてあげる**と、ステップ2を進めやすくなりますので、頭の片隅に置いておきましょう。

ステップ2：理想を具体化する

ステップ2では、なりたい姿をより具体的にしていきます。

たとえば、不登校の中学生男子が「全日制の高校に進学して普通の高校生活を送りたい」と話したとします。では、**「どんな学校なら彼の希望（条件）を満たすことができるのか」**を親子で話し合っていきます。彼が全日制高校に期待することを聞くと、次のような条件を教えてくれたとします。

・友だちと登下校できること
・文化祭や部活があること
・制服がカッコイイまたはかわいいこと

これらの条件からわかる欲求は、「友だちに認められたい」です。たとえば、登下校や文化祭で友だちと笑い合ったり、他校の生徒に「制服が似合うね」と言われる体験を望んでいることが推測できます。

もし、親がこの点を考慮せずに話を進めてしまうと、子どもはもっと現実的な条件を提案しがちです。たとえば、「自転車で登校できること」「集団授業があること」などです。

こういった現実的なことも大切ですが、**いきなり現実的な話から始めると、子どもは建前で「行きたい」と言うようになってしまいます**。子どもの本心では、「自転車通学」や「集団授業」は優先度が低いので、親子間で意見のすれ違いが生まれます。

そのため、ステップ2では、子どもの理想や欲求を実現できるような3つの条件を書き出しましょう。

ステップ3：子どもがなりたい姿の「場面」を書き出す

人は、自分のなりたい姿を想像するとき、ある場面も一緒に想像しています。その場面を親子で共有することで、より詳細な学校選びができます。そこで**子どもがなりたい姿の「場面」を親子で1つ書き出しましょう**。

たとえば、子どもが「普通の学校生活を送りたい」と言ったとき、「制服を着て友だちと下校し、コンビニでジュースを飲んでいる場面」などを想像していると思います。その場面を親子で共有すれば、より具体的な学校選びができます。この例の場合だと「制服があること」「通学路にコンビニがあること」「自転車で通学していること」と書き出すことができればよいです。

やり方のコツは、テレビを見ているときにコメントする感覚で話すことです。たとえば「みんな部活帰りなのかな？」とか「コンビニまでは自転車で来たのかな？」と言ってあげると、子どもは場面の細部まで想像しやすくなります。

例外

子どもが「いまの学校に戻る」と話してきたときは、条件を3つ考える必要はありません。すでに子どもが、いまの学校を「自分のペースで学べる場所」と決めているからです。

ワークの全ステップが終わったら

ステップ1からステップ3で書き出した条件に該当しそうな学校をネットで検索し、学校名を3つ書き出しましょう。そして、資料を請求したり学校見学に行ったりしてみてください。

すべての条件に合致する学校はないかもしれません。また、あったとしても出席日数や学力といった現実的な面で入るのが難しい場合もあるでしょう。**そのときは、3つの条件に優先順位をつけてもらいましょう。**そして、優先順位の高い条件を満たしている学校に見学に行ってみたりすると、「制服は思っていたよりカッコよくないけど、見学に行ったら学校の雰囲気がよかった。だからこの学校にする」などの意見が出てくることが多いです。

このようにして、**子どもが自分で決断できれば、入学後も通学できる可能性はぐっと高まります。**

進路について話し合うときのポイント

子どもの進路について話し合うときに、**親の目線で話すことはやめましょう**。親は、子どものためにアドバイスしたいことがたくさんあると思います。しかし、**親のアドバイスには「失敗してほしくない」「失敗させたくない」という望みが無意識のうちに入っており、子どもはそれを感じ取り、意欲を失ってしまいます**。

筆者が運営するフリースクールで三者面談をするとき、「あなたは集団行動が苦手だから、少人数制のクラスがいいんじゃない？」という親御さんの発言をよく耳にします。これは、子どもが集団行動についていけなくて困った出来事があったから、同じ体験を繰り返さないようにアドバイスをしているのだと思います。

アドバイスには、表の意味と裏の意味があります。この場合「集団行動が回避できる場所を選んだほうがいい」というのが、表の意味です。一方で、「あなたは集団行動ができない」という裏の意味（言葉にしていないのに伝わる意味）もあります。

このように、**裏の意味で否定的なメッセージを子どもが受け取ってしまうと、子どもは学ぶ場所を探す意欲を失ってしまいます**。子どもの本音を引き出すことに労力を注げるようになりましょう。子どもの本心で決めたことでなければ、通学はなかなか続きません。

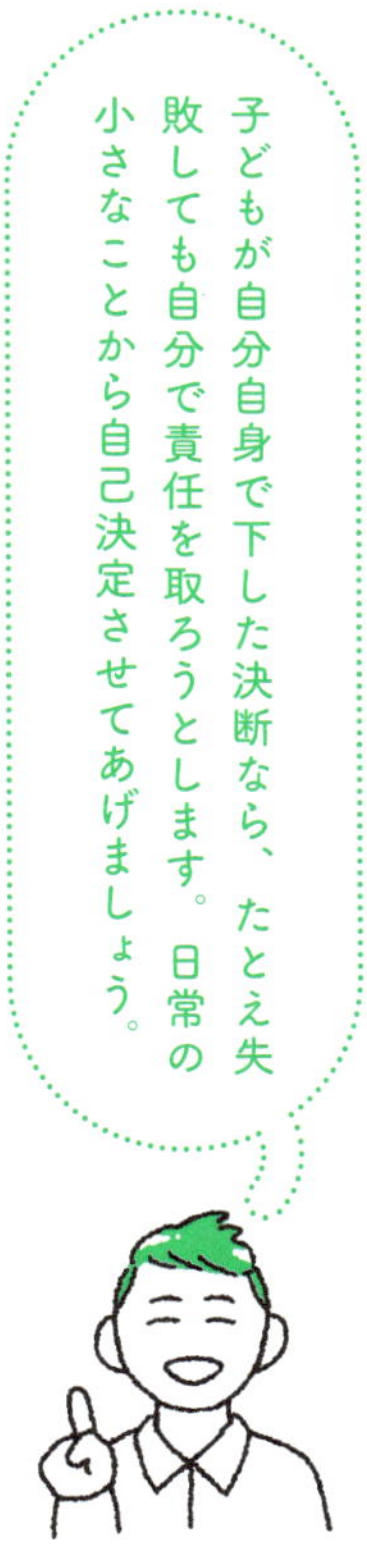
子どもが自分自身で下した決断なら、たとえ失敗しても自分で責任を取ろうとします。日常の小さなことから自己決定させてあげましょう。

COLUMN

「そうなんだね」はダメ？

筆者の経験上、不登校の子が親にネガティブな話をしてきたときに「そうなんだね」とあいづちを打つだけでは、承認の効果はあまり望めません。

確かに、「そうなんだね」も「なるほどね」も一般的には大差ありません。しかし、ネガティブな話をする不登校の子にとっては、親が「そうなんだね」と言うのと「なるほどね」と言うのとでは、感じ方が違います。

私自身もフリースクールで子どもからネガティブな話を聞いたときは「なるほどね」とあいづちを打ったほうが、生徒が元気になっていくと実感しています。

それでも、とっさに「そうなんだね」と言ってしまうことがあると思います。その場合は「そうなんだね。なるほどね」と付け加えれば問題ありません。

Chapter

4

夫婦・兄弟姉妹の関係で大切なこと

4-1

子どもの承認につながる「夫婦」の関わり

「子どもの前では夫婦喧嘩をしない」と決めておこう

子どもが不登校になった家庭でよくあるのが、夫婦の仲が悪くなることです。原因のほとんどは、不登校への向き合い方が夫婦で異なるためです。母親は子どもを守ろうとし、父親は子どもを説得しようとする傾向にあります。

たとえば、父親は「学校に行かないとダメだ」と子どもに言う反面、母親は「休むことも必要なのよ」と子どもを守ろうとします。父親からすれば「お前が甘やかすから」となり、母親からすれば「あなたが子どもを追い詰めるから」となり、結果衝突

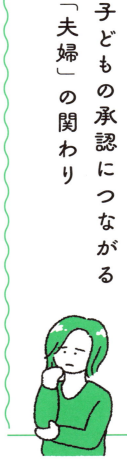

してしまいます。

夫婦で価値観が違うことは当然ですから、意見が異なること自体は悪くありません。しかし、**子どもが夫婦の口論の場面を一定期間見るだけで、子どもの脳は物理的に萎縮する**、といわれています。※ここでのポイントは口論の様子を見るだけで、子どもは間接的にダメージを受けてしまうということです。

そのため、**夫婦で冷静なときに「子どもの前では夫婦喧嘩をしない」ということを決めておくことが大切**です。先に決めておけば、口論になりそうなときでも「後で話しましょう」「別室で話しましょう」などの対応がとれます。

しかし、口論や喧嘩は起きないことが一番よいです。そのためにも、普段から配偶者の承認欲求を満たす取り組みをおこなうことをおすすめします。

「子どものことだけでも大変なのに、配偶者の承認欲求まで満たさなければいけない

※『子どもの脳を傷つける親たち』（友田明美、NHK出版、2017年）より

の？」と思いますよね。しかし、**配偶者の承認欲求を満たすことと子どもの承認欲求を満たすことは同時にできますので、ぜひ取り組んでみてください**（取り組む内容は121ページから解説します）。

「怒りの仕組み」を利用して夫婦喧嘩を未然に防ごう

取り組みをおこなう前に、怒りが起きる仕組みを理解しておきましょう。本書では「怒り」を次の2つの条件を満たしたときに発生する感情とします。

条件①…「配偶者なら私の気持ちをわかってくれるものだ」と考えている（想定）
条件②…想定（条件①）が外れて、自分に損失が生まれる

たとえば、母親が子どもに「明日は登校する？」と聞くと返事がなかったので「じゃあ、明日もお休みの連絡をするね」と話しました。このやりとりを聞いた父親が「そうやって甘やかすからダメなんだ」と言い、母親は父親に怒りを感じました。

このケースにおいて、母親の怒りが発生したメカニズムを考えてみましょう。母親は「夫なら、私が子どもを追い詰めないように努力していることをわかってくれているはず」と考えていました（条件①が成立）。ところが、「お前が甘やかすから不登校が続くんだ」と責められてしまいました。気持ちをわかってくれず責められて嫌な思いをしたため、条件②も成立しました。

この仕組みを理解すれば、逆にこれを利用できるようになります。**条件①・条件②のいずれかに該当しないようにすれば、怒りは起きなくなります**。もし、条件①の想定どおり父親が母親の気持ちをわかってくれていれば、条件②は発動しません。

また、自分は条件①のような期待を持っていることをあらかじめ予想していたら、仮に配偶者からひどい言葉をかけられても「諦め」の感情が先に湧いてきて、「怒り」は湧きづらくなります。たとえば「夫は私の気持ちがわからなくて当然だ」と事前に思っていれば、何か言われても少しイライラするだけで、最終的には「やっぱりね」とスルーできると思います。

また、父親が「妻の気持ちを優先しよう」と思った結果、いつの間にか『条件①を満たす環境をつくっている』というケースもあります。不登校の問題に関して「妻の気持ちを100%理解してあげるのは無理」と冷静に判断しているようです。そういうとき、父親は「不登校の件については口出ししない」という行動に出ます。

事例A夫婦

不登校の件は妻に任せることでうまく対応している

ある夫婦が、不登校の相談に来られました。お母さんが子どもの様子を熱心に話す隣で、お父さんは黙って座っていました。お父さんに「お子さんの件で気をつけていることは何ですか？」と質問すると「私は黙るようにしています」と答えられました。「父親が母親に口出しをしない」からこそ、夫婦でそろって相談に来ることができているのだな、と感じました。

このように、父親が「妻の気持ちを優先しよう」と決めてあえて黙ることで、母親の条件①を満たしているパターンもみられます。

配偶者の承認欲求を満たすことは子どものためになる

怒りの仕組みを利用すれば、怒りが発生しづらい環境をつくれます。そして、仕組みを利用するためには、普段から配偶者の承認欲求を満たしておく必要もあります。怒りが発生した後に相手の承認欲求を満たすのは、まず相手を冷静にする必要があるのでとても大変です。相手が怒った後に承認することもできなくはないですが、**そもそも怒りを発生しにくい関係を普段からつくっておくほうが楽です。**

ここで、先ほどの「夫婦喧嘩を見ることで子どもの脳は物理的に萎縮する」という話を思い出してください。ということは、「**母親が父親を承認する場面（またはその逆）を見ることで、子どもは自分の承認欲求も満たされたように感じる**」ということです。これが「子どもの承認欲求を間接的に満たす」ということです。

「うちの子は、夫婦で会話している場面になかなか現れません」という場合も大丈夫です。なぜなら、承認欲求が満たされた配偶者は少しずつ穏やかになっていき、間接的に子どもの承認欲求も満たされるようになります。

事例B夫婦

夫の言葉遣いが変わった

体育会系で育ってきたため、命令系の言葉ばかり使っていた夫が、子どもに気遣う言葉をかけるようになったというケースがありました。奥さんは夫の変化について「以前、夫は息子に話しかけるとき『明日は学校に行けよ』だったのですが、最近は『ご飯ちゃんと食べているか？』と気遣う発言をするようになりました」と話されました。この方が、配偶者の承認欲求を満たす取り組みをおこなった結果だといえます。

ここまで読んで「**私の承認欲求は誰が満たしてくれるの？**」と思った方もいらっしゃるでしょう。あなたが配偶者の承認欲求を満たし、間接的に子どもの承認欲求を満たしていれば、ある時点からそれが逆転します。配偶者や子どもがあなたの承認欲求を満たしてくれるようになります。

たとえば、あなたがコップにお茶を入れて夫に手渡したとき、いままでは無言だったのに「ありがとう」と言ってくれるようになったりします。これは、夫婦間で口癖がうつるのと同じ理屈です。あなたからいつも聞いている言葉を、配偶者や子どもが無意識に覚えて、あなたに対して使うようになるのです。

配偶者の承認欲求を満たす方法①「なるほどね」

配偶者の承認欲求を満たしつつ、子どもの承認欲求も満たす方法は**「なるほどね」「いいね」「ありがとう」のどれか1つを1日1回、配偶者に投げかける**ことです。

ここからは、「配偶者とは同居しており1日2往復以上の会話ができる」という前提で、3つのキーワードの使い方について説明をしていきます。

同居はしているものの会話が1日2往復未満の場合は、方法①②を読み飛ばし、方法③「ありがとう」（124ページ）からお読みください。

方法①〜③の取り組みをすることで、**個人差はありますが1〜3か月で配偶者の変化を感じられるようになることが多いです**。

まず「**なるほどね**」は、ネガティブな話に対してのあいづちとして使います。妻が夫に言葉をかける場合は、**自分ではなく夫にとってネガティブかどうか**で判断してください（逆の場合も同じです。以降、すべて妻→夫の言葉かけとしていますが、夫→妻の場合も同じように考えてください）。

たとえば「今日は疲れた。何もしたくない」と夫が言ったとします。夫は疲れた状態なので夫にとってネガティブといえます。ひょっとしたら、妻にとってもネガティブかもしれません（夫がソファに横になってダラダラしている姿を見れば、イラッとくることもあるでしょう）。

そうした自分の危惧はさておき「なるほどね」と言います。これによって夫は「疲れているということを妻はわかってくれた」と思い、ここで承認欲求が満たされます。

配偶者の承認欲求を満たす方法②「いいね」

「いいね」は、相手のポジティブな話に対するあいづちとして使います。たとえば「日曜日、同僚とゴルフに行くことになった」と夫が言ったとします。平日仕事をしている夫にとってはポジティブな話題なので「いいね」と言います。

このときやってしまいがちなのは「いいね、あなたは自由で」のように、妻が裏のメッセージを伝えてしまうことです。「日曜日に時間ができたと思ったら、子どもを私に押し付けて。あなたは1人でゴルフを楽しむなんて……。それなら、子どもをキャッチボールやドライブにでも誘ってよ！」と言いたくなりますよね。

「私だって自由な時間が欲しい」と配偶者に言うのは、もちろんＯＫです。子育ては夫婦でおこなうものですから、各自の自由時間をどう確保するか、よく話し合うべきです。ただ、裏のメッセージを伝えてしまうと夫婦喧嘩になってしまいます。

そのため、**自分の主張をする前に「いいね」とあいづちを打ちましょう**。たとえば、夫からゴルフの話をされたら「いいね」と言ってから「私も来週末1人で映画を観に行きたいから子どもを任せていい？」と切り出します。そうすれば、夫側としては1回「いいね」と受け止めてもらっているので、妻の要望を受け止めやすくなります。

配偶者の承認欲求を満たす方法③「ありがとう」

「ありがとう」は、相手が自分のために何かしてくれたことに対する感謝の言葉です。「なるほどね」と「いいね」が子どもに対して言う場合とほとんど同じだったのに比べ、「ありがとう」は少し違います。

子どもに対して「ありがとう」を言う場合、「存在に感謝する」と「行為に感謝する」がありました。配偶者に対しても理論上は両方あり得ますが、事実上は「行為に感謝する」しかありません。そのため、**配偶者への「ありがとう」は「行為に感謝する」が**

主になります。配偶者は、何らかのかたちで家族（家庭）に貢献をしてくれているはずなので、「行為に感謝する」はおこないやすいと思います。

代表的なのは、「家族のために働いてくれてありがとう」です（共働きの場合も、ひとまず配偶者に感謝を伝えるところから始めましょう）。ほかにも、ちょっとした行為に対して「ありがとう」と言うことはできます。たとえば、「子どもにお土産を買って帰ってきてくれた」「子どもに優しい言葉をかけてくれた」など、家族にとって嬉しい行為は何かしらあるはずです。

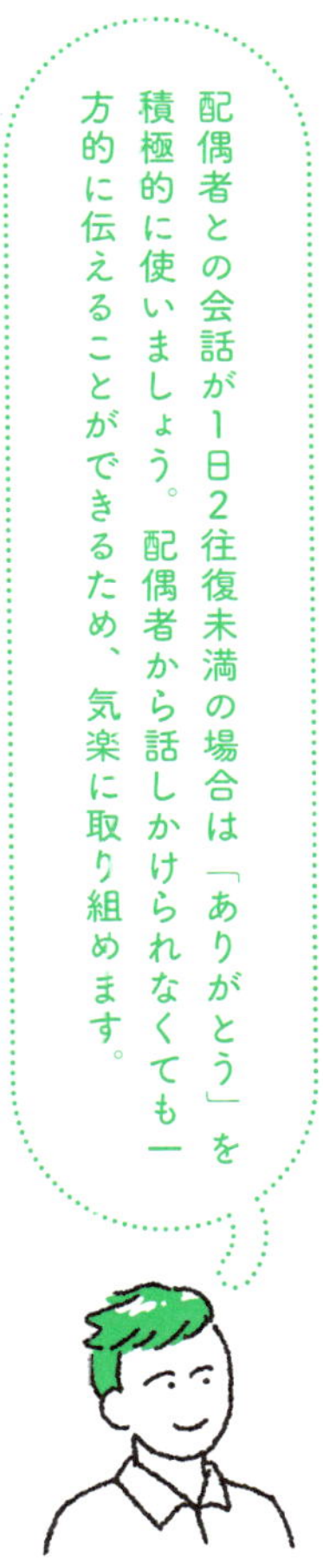
配偶者との会話が1日2往復未満の場合は「ありがとう」を積極的に使いましょう。配偶者から話しかけられなくても一方的に伝えることができるため、気楽に取り組めます。

WORK

配偶者の承認欲求を満たそう！

トレーニング1

配偶者にとってネガティブな話には、「なるほどね」とあいづちを打ってみよう。

トレーニング2

配偶者にとってポジティブな話には、「いいね」とあいづちを打ってみよう。

トレーニング3

配偶者に「いつもありがとう」と伝えてみよう（直接でもＬＩＮＥでもＯＫ）。

4-2 子どもの承認につながる「兄弟姉妹」との関わり

兄弟姉妹の承認欲求を満たすことで得られるもの

不登校の子どもに兄弟姉妹がいる場合も対策が必要です。というのも、不登校の子ども本人（以降「本人」とする）の影響を兄弟姉妹も受けるからです。

1人が不登校になったら兄弟姉妹も不登校になる可能性は高まります。実際「子どもが2人いて、2人とも不登校です」という相談をよく受けます。また、**兄弟姉妹が不登校ではなかったとしても、本人との仲が悪くなることがあります**。学校に行っている兄弟姉妹が「学校に行かない人はダメになる」と本人に向けて言ってしまったり、逆に本人が兄弟姉妹に意地悪をしたりなどがあります。

兄弟姉妹の通学状況がどうであれ、兄弟姉妹の承認欲求を満たしてあげる必要があります。兄弟姉妹の承認欲求を満たせば、本人の承認欲求も間接的に満たすことができます。

兄弟姉妹が登校できている場合、学校で友だちや先生に承認欲求を満たしてもらえていると考えられます。しかし、いまは誰がいつ不登校になってもおかしくない時代です。**家庭のなかで承認欲求を満たしてあげることが不登校の防止につながります。**

では、具体的に何をしたらいいのでしょうか？ それは、**兄弟姉妹にも「なるほどね」「いいね」「ありがとう」の3つのキーワードを1日1回言うこと**です。

配偶者との違いは、**「なるほどね」「いいね」の重要度が高い**点です。配偶者への言葉かけでは夫婦喧嘩予防を優先するため、一方的に言える「ありがとう」を多用しました。

それに対し、**兄弟姉妹は親に承認されたいという気持ちを持っています**。そのため、会話が1日2往復以上ある状態では、「なるほどね」「いいね」を重視します。

兄弟姉妹とも1日2往復未満の会話であれば、「ありがとう」を言うところから始めてください。ここまで何度も解説してきた内容ですので、ポイントを絞って解説していきます。

兄弟姉妹の承認欲求を満たそう！①「なるほどね」

「なるほどね」は、いままでと同じく兄弟姉妹にとってネガティブな話題に対しておこなうあいづちです。

たとえば、兄弟のうち兄が不登校だったとします。弟は登校していましたが、ある日「僕も学校に行きたくない」と言い出したとします。親としては想像したくない展開ですが、冷静になってみれば、弟の承認欲求を満たすチャンスです。

「学校に行きたくない」というのは、親だけでなく、弟にとってもネガティブな話題です。「お兄ちゃんだけでも大変なんだから、せめてあなたは学校に行ってよ」と言ってしまうと「登校したくないという気持ちを親は認めてくれなかった」と思い、弟の承認欲求の水位は一気に下がり、そのまま不登校になってしまいます。

逆に「なるほどね」と親が言ってあげれば、弟は行きたくない理由を正直に話してくれるかもしれません。理由によっては、本当に行かないほうがいい場合（いじめを受けているなど）もあります。**実際に休んだほうがいいのか、行ったほうがいいのかを親が判断するには、まず子どもに正直に話してもらわなければいけません**。そのために第一声で「なるほどね」と言います（「なるほどね」と言った後に「学校で何かあったの？」と聞いたりすることは構いません）。

兄が不登校でも弟は登校している、という家庭もあります。そういった家庭では、親がちょっとしたあいづちを自然におこなえていたり、家庭以外に承認欲求を満たしてくれる場所がきちんと存在しているのだと、筆者は思います。

兄弟姉妹の承認欲求を満たそう！②「いいね」

「いいね」も夫婦の場合と同様、ポジティブな話題のときのあいづちです。**本人が不登校のとき、兄弟姉妹が明るく振る舞うことは珍しくありません**。楽しいこと、嬉しいことを話してきてくれたときは、**少し大げさになってもよいので「いいね！」と**

言ってあげましょう。

「兄弟姉妹と親だけで喜び合っていたら、不登校の本人がかわいそうだ」「取り残された気持ちにさせてしまうのでは」と思うかもしれません。しかし、**本人（不登校の子）の気持ちに配慮して親が「いいね」を自粛すると「嬉しい気持ちを親がわかってくれない」と思い、兄弟姉妹は心を閉ざしてしまう可能性があります**。

逆に、兄弟姉妹のポジティブな話題に対して、親が「いいね」と言ってあげれば本人のためにもなります。なぜなら、その場面を見て、間接的に本人の承認欲求が満たされるからです。

たとえば、フリースクールから帰ってきた弟が「今日はバレーボールをしてサーブを決めたら友だちにほめられた」と話してきたとします。これに対して、親が「いいね！」「すごいね！」と言います。すると、それを聞いた兄（不登校）は、自分の承認欲求まで満たされた感じがします。

外見的には無反応かもしれませんが、着実に承認欲求は満たされています。そうした経験が続き、承認欲求の水位が一定以上になると自分から「僕も行ってみようかな」と言うようになります。

その証拠に、フリースクールでは「**後追い入学**」という現象がよく見られます。これは、**兄弟で不登校の場合、どちらかがフリースクールに通うともう一方も通うようになるという現象**です。

フリースクールに通う子どもが親に「いいね」と言われている場面を見て、家にいる子どもも間接的に承認欲求が満たされ、一定以上になったことで自分から「僕も行く」と言い始めるのです。

ただし、注意点があります。それは本人が「行ってみようかな」と言い出すまで、親から誘ってはいけません。たとえば**「弟も楽しそうに行っているんだから、お兄ちゃんも行ってみない？」というのはＮＧ**です。なぜなら、弟と自分を比較し劣等感を持ち、ひきこもってしまうこともあり得るからです。

兄弟姉妹の承認欲求を満たそう！③「ありがとう」

最後に、3つ目のキーワード「ありがとう」です。この言葉も、間接的に本人の承認欲求を満たせる役割を持っています。たとえば、電車のなかで高齢者の方に席を譲った若者がいて、高齢者の方が「席を譲ってくれてありがとう」と言いました。そのとき「ありがとう」と言われた若者だけではなく、それを見ている自分までもが温かい気持ちになった、といった経験はありませんか。

このような経験は家庭内でもつくり出すことができます。そのためには、親が兄弟姉妹に「ありがとう」と言う必要があります。「ありがとう」には、すでに説明したとおり「存在に感謝する」と「行為に感謝する」の2つの意味があります。兄弟姉妹には、どちらの「ありがとう」を使ってもOKです。

ただ、**使いやすいのは「行為に感謝する」**です。なぜなら、不登校ではない兄弟姉妹は本人よりも親と接点を多く持ち、家事にも協力的なことが多いからです。兄弟姉妹が家事を手伝ってくれたときに、「ありがとう」を言うのは自然なことであるため、伝えやすいです。

事例C夫妻

弟への「ありがとう」が兄の行動に変化をもたらした！

Cさんは、高校1年生の長男の不登校に悩んでいました。登校できないことも心配ですが、それ以外にも「弟（小学生）が遊んでいるおもちゃを壊す行動」などにも悩んでいました。「お兄ちゃんなんだからしっかりしなさい」と伝えましたが、どうにもなりません。

Cさんから相談を受けた筆者は「長男に『ありがとう』を言ってみましょう」とアドバイスをしました。Cさんは取り組もうとしましたが、長男は洗濯物を畳んだり、食器を洗ったりといった家事の手伝いを何もしてくれないため「ありがとうと言う機会がありません」と嘆いていました。

そこで方針を変更し、「弟に『ありがとう』を言いましょう」と伝えました。Cさんは早速、弟に「洗い物を流し台に持ってきてくれてありがとう」「脱いだ服を洗濯機に入れてくれてありがとう」と言うようにしました。すると、長男の言動にも変化が現れてきたのです。Cさんいわく「弟への八つ当たりがなくなった」とのことでした。それだけではなく、1か月すると、学校のことについて話せるようになりました。いまの高校を続けるのか、それとも転学するのかを、穏やかに相談してきてくれたそうです。

本人（不登校）の兄弟姉妹の承認欲求を満たそう！

WORK

トレーニング1

兄弟姉妹に1日1回「なるほどね」とあいづちを打ってみよう。

トレーニング2

兄弟姉妹に1日1回「ありがとう」と言ってみよう。

トレーニング3

兄弟姉妹にとって嬉しいことがあったときに、「いいね」と言ってみよう。

兄弟姉妹が思春期に入っていない場合は、親との距離感が近いため「ありがとう」や「いいね」と言うと素直に喜んでくれます。

COLUMN

家事育児を手伝ってくれない配偶者

配偶者が家事育児をまったく手伝ってくれないというケースもあります。この場合、配偶者に「ありがとう」を言う気にはなれませんよね。では、配偶者はなぜ家事育児を手伝ってくれないのでしょうか？　それは「興味がないから」でも「やり方がわからないから」でもないことが多いです。

むしろ、「一生懸命手伝っている」という意識を持っている傾向にあります。なぜなら「『働くこと』こそ、家族への最大の貢献」と思っているからです。この場合「家事育児を手伝ってよ」と言うと「手伝っているだろう」と言い返されます。

そこで、配偶者が最も認めてほしがっていることに対して「ありがとう」を言うことを推奨します。具体的には「家族のために働いてくれてありがとう」です。これを、月1回程度言い続けるだけで、配偶者の承認欲求は満たされていきます。そして、徐々にあなたを気遣う言葉をかけてくるようになるでしょう。

Chapter

5

親（自分）のメンタルを安定させよう

5-1 「自分だけが楽しい」時間が大切

自分の承認欲求も満たそう

親が水道の蛇口となって紙コップに水を注ぐ（子どもの承認欲求を満たす）ためには、親のなかに豊かな水源が必要です。「水源」とは、「**親自身のメンタル（精神状態におけるポジティブ・ネガティブのバランス）**」のことで、ポジティブとネガティブのバランスがとれているとき、豊かな水源を確保できているといえます。

ポジティブとは、喜び・楽しさ・安心などの自分にとって心地よい感情を指します。

一方、**ネガティブとは、怒り・悲しみ・不安などの自分にとって不快な感情**のことを

います。

よく「ネガティブな親はダメだ」という考えから、ネガティブな感情を持っている自分のことを責める方がいらっしゃいます。確かに、ネガティブな親のそばにいると子どもも嫌な気持ちになります。しかし「ネガティブなところを子どもに見せてはいけない」と思えば思うほど、自分で自分を否定することになってしまいます。

すると、自分への怒りや悲しみが大きくなってきて、より一層「ネガティブ＞ポジティブ」となります。そうなると、親の水源はいつまでも干上がったままです。**「子どもにどう思われるか」「ネガティブなところを子どもに見せてはいけない」という気持ちは一旦置いておいて、まずは「自分のこと」を考えてみましょう**。

直近1週間を振り返って「ポジティブな日」と「ネガティブな日」を考える

さて、ポジティブとネガティブのバランスがとれている、とはどういうことでしょうか。それは、**1週間をとおしてポジティブな日とネガティブな日が1：1である状態**のことです。ただし、どちらでもないニュートラルな日は除きます。

たとえば、「月曜日と火曜日はネガティブだったけど、土曜日と日曜日はポジティブだった。水曜日～金曜日はニュートラルに過ごせた」とします。このとき、この人はバランスがとれているといえます。なぜなら、1週間のうちネガティブな日が2日間なのに対して、ポジティブな日も2日間だからです。

ただ、これは目安であって、厳密に考える必要はありません。1日のうちでもポジティブな時間とネガティブな時間があると思います。また、短時間でもショックの大きいネガティブな出来事があれば、1日を振り返ったとき、ネガティブのほうが強いと感じることもあるでしょう。**大事なのは、1週間を振り返ってみたときに「ポジティブ：ネガティブ＝1：1」だと感じられるかどうか**です。

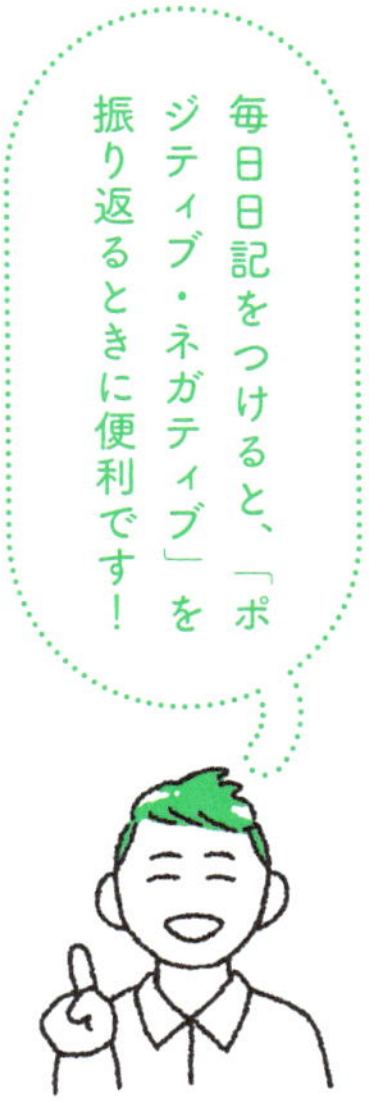
毎日日記をつけると、「ポジティブ・ネガティブ」を振り返るときに便利です！

「まずは自分の水源を確保する」という意識も大切

不登校に悩む多くの親は、ポジティブよりもネガティブのほうが大きい状態になってしまっています。なぜなら、子どもの不登校による「怒り・悲しみ・不安」を常に感じているからです。**「なぜうちの子がこんな目に」という怒り、「どうして学校に行ってくれないのか」という悲しみ、「この先どうなるのか」という不安**です。

「家にいる間は、子どもの姿を見ているためずっとつらいです。通勤中も子どもの将来のことをついつい考えてしまいます。会社に着いて始業時間になると、やっとつらさを忘れられます。でも、家に帰ると、またつらくなります」と話される方もいます。

このような状態で、子どもの承認欲求を満たそうとしても難しいです。なぜなら、自分の水源が干上がってしまっているからです。**子どものことを思うあまり、自分のメンタルが盲点になっている親は多いです**。

多くの相談者は、子どもの困りごとだけを話されます。なぜなら**「自分よりも子ども」と強く思っている**からです。「大事なのは子どもが登校できることで、私のことはどっちでもいい」と思っていらっしゃるのです。

ただ、この考えを持っている間は、親の水源は枯れたままです。これは、**不登校が長期化してしまう原因のひとつにもなります**。

ポジティブとネガティブのバランスをとる方法

では、ポジティブとネガティブのバランスを整えるためにはどうすればいいのでしょうか。それは**「生活のなかでポジティブを増やす」**ことです。

ここで、「私はネガティブを減らしたいんです」と思った方もいらっしゃるのではないでしょうか？「怒り・焦り・不安といった不快な感情を消して、早く楽になりたい」という気持ちもよくわかります。

もちろんポジティブが小さくても、ネガティブも小さくすればバランスがとれます。たとえば、ネガティブをゼロに近づけられる「瞑想」などが合う方もいるかもしれません。しかし、**不登校の子の親に推奨しているのは、ポジティブを大きくすること**です。なぜなら比較的簡単におこなえるからです。

そして、その主な方法が「親自身が趣味を楽しむこと」なのです。本書では**「趣味」**

を**「自分にとって楽しいけど、誰の役にも立たないこと」**とします。他人はおろか、自分の役に立ってもいけないと考えます。

自分を軸にして趣味を探す大切さ

事例D夫婦 子どもを基準に趣味をみつけようとしたDさん

高校生の息子さんがひきこもっていることに困っていたお父さんが筆者のもとに来られたとき、「私は車が好きなので、趣味としてラジコンを買いました。ラジコンが家にあれば、息子と一緒にリビングや廊下で走らせて、会話が弾むようになるかなと思ったんです。それに、息子がラジコンに興味を持ってくれれば、『サーキット場で走らせよう』と外に誘うこともできますから……」と話されました。

しかし、息子さんはまったく興味を示してくれませんでした。結局、「息子がやらないなら自分もやらない」と思って、ラジコンはほとんど手つかずのまま保管されているそうです。

子どもと一緒に何かをする。これは、趣味とは別の分野で考えてください。たとえば、「子どもを外に連れ出してあげたい」というのは趣味のついでではなく「子育て」という分野で考えましょう。

ここでは**「子育て」を「子どもがやりたいことをして生きられる大人に育てること」**とします。「やりたいことをして生きる」といっても「自己中心的で自堕落に生きる」という意味ではありません。やりたいことをしながら社会に貢献するという意味です。

そんな大人に育てるためには、さまざまな能力（やりたいことに見合った責任能力・教養・他人への思いやりなど）が必要となります。また、能力だけではなく、身体的に大きくなるために栄養・睡眠・安全な住居なども必要です。つまり、**子どもに必要なサポートを親がしてあげることを「子育て」**と考えます。

不登校の子どもは、多くの場合ひきこもって外に出なくなります。そのときに必要なサポートは、ここまで何度もお話ししたとおり、承認欲求を満たしてあげることです。雑談レベルを上げていけば自ずと外出するようになりますので、趣味とは別に子育てという分野で、子どもと一緒に何か取り組んでいきましょう。

「稼ぎ」や「成果」を目的にした趣味は避けよう

そのほかによくみられるのが「将来稼げそうなことを趣味にする」です。たとえば「動画編集を趣味にすれば、将来は副業で稼げるかもしれない」と思って、動画編集を学び始めるなどです。

確かに、子どもが不登校になると食費や光熱費など支出が増えるので「収入の足しをつくりたい」と思う気持ちもわかります。しかし「稼げそうだから始める」という考えだと自分の承認は一向に満たされません。なぜなら、趣味に成果を求めるようになるからです。

「趣味として続けていたことが、いつの間にか成果につながっていた」ということはあります。しかし、それは結果論にすぎません。**「早く稼げるようになりたい」と思って趣味に成果を求めると、逆にネガティブを増やしてしまう可能性もある**のです。

どのぐらいの時間を趣味に費やすといい？

「趣味をどのぐらい楽しめば、承認（水源）が満たされていくのか？」についてお話しします。理想は、**1日10分以上趣味の時間を確保**することです。1週間では1時間以上、1か月では1日以上のまとまった時間を取ることが望ましいです。

たとえば、小説を読むのが趣味で、毎晩寝る前に10分以上本を読むとします。そして、1週間に1日だけ読書の時間を1時間取ります。また、意欲的であれば1か月に1回は読書会などのイベントに参加するなどもよいでしょう。

このようなかたちで趣味を楽しむことで、親の水源は満たされていきます。

では、「趣味がない」という方に向けて、次からは「趣味のみつけ方」を解説していきます。

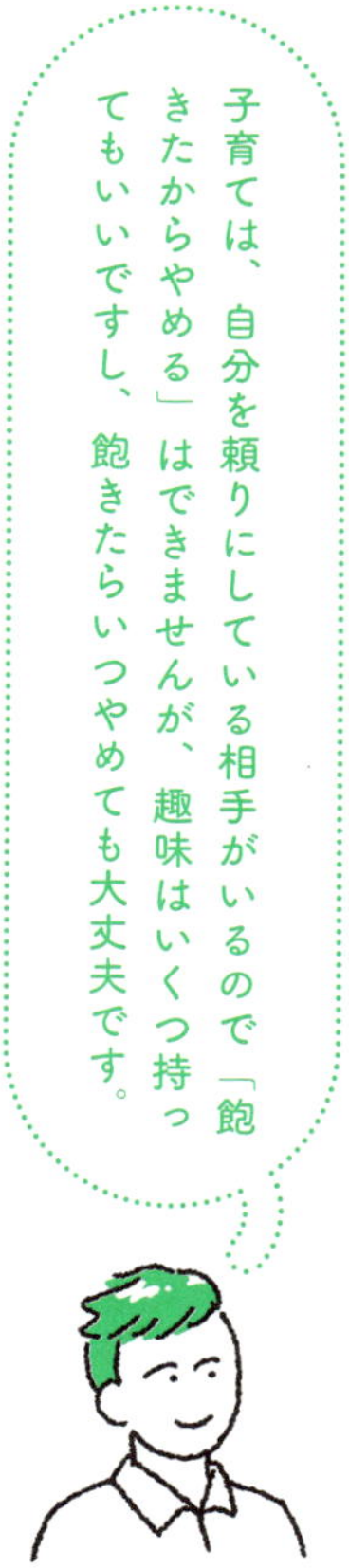
子育ては、自分を頼りにしている相手がいるので「飽きたからやめる」はできませんが、趣味はいくつ持ってもいいですし、飽きたらいつやめても大丈夫です。

5-2 自分は楽しいけど誰の役にも立たない「趣味」のみつけ方

「無駄」に焦点を当てて趣味を探してみよう

趣味を探すときに大切なのは「お金や時間を使って無駄なことをしているかどうか」です。自分にとって楽しいことが大前提ではありますが、趣味を探すときは「無駄」に焦点を当てたほうがみつけやすいです。なぜなら、無駄だと思って避けてきたことが、実は楽しいかもしれないからです。

お金や時間を使って無駄なことをする、これが自分にとって楽しければ趣味になるでしょう。

たとえば、コーヒーを淹れるのが趣味というEさんがいました。Eさんの「コーヒーを淹れる趣味」は豆を厳選するところから始まります。その後、コーヒー豆をミル※して、お気に入りのカップで飲みます。

「コーヒーなんて、欲しいときに飲めれば何でもいい」「コンビニに行けば手軽に飲めるじゃん」という人からすれば、Eさんは時間やお金を無駄に使っているように見えるでしょう。この一連の流れは当然お金や時間がかかりますが、Eさんにとっては、これが楽しいのです。

こういったことは、やってみないとわからない楽しさだと思います。**やる前から「楽しいかな？　どうかな？」と悩むぐらいなら、一旦「少しお金や時間をかけて無駄なことをしているな」と思うようなことに取り組んでみてもいいのではないでしょうか**。趣味の候補をリストアップした後は、できそうなものから順番にやってみましょう。

※ 焙煎したコーヒー豆を粉状にすること。

趣味の候補をリストアップしてみよう！

WORK

方法1

1つ目は「**普段の日常生活でおこなっていることに対して、無駄にお金や時間をかけたらどうなるか？**」を考え、趣味の候補を探す方法です。

たとえば、普段、自宅からスーパーへ最短ルートで行っているとします。そこで、あえて遠回りをしてみましょう。一見すると、時間の無駄遣いですが、思いもよらぬ楽しさを発見ができることもあります。雰囲気のいいカフェをみつけたりするかもしれません。すると、「移動＝コスト」だったのが「移動＝楽しみ」へと変わっていきます。「自転車で普段は行かない道を走ってみる」「電車で普段は降りない駅で降りてみる」など、切り口はいろいろとあります。

方法2

2つ目は「**自分が子どもだったときに好きだったこと**」から趣味の候補を探す方法です。子どものころ純粋に楽しんでいた遊びのなかに、大人になったいまでも楽しめる要素が入っているかもしれません。

たとえば、小学生のころ、祖父母の畑で秘密基地ごっこをしていた人がいたとします。木の枝を組み合わせて住居をつくったり、虫を捕まえたりして遊んだはずです。当時は「新品の靴が泥だらけになってもったいない」とか「これを週何回やれば体力がつくだろう？」といったコストパフォーマンスは考えていません。純粋に、楽しいからやっていたのです。この例では、「秘密基地」という要素がキーワードになります。そこから「キャンプ（テント）」が連想されて、キャンプに行ってみたところ趣味になるなどが考えられます。

方法3

3つ目は「**趣味発見シート**」（158ページ）を使う方法です。まずは、手元に白紙を用意し横軸「アウトドア・インドア」、縦軸「運動あり・なし」で4つのエリア（A・B・C・D）をつくってください。

いまからそれぞれのエリアに趣味候補を書き出してもらいます。**理想は、すべてのエリアに1つずつ趣味が書き込まれること**です。書き込む順番はどのエリアからでもよいです。また、各エリアに書き込む内容を考える際には、ここまで紹介してきた方法1・方法2の考え方を活用しても問題ありません。

●エリアA「アウトドア・運動あり」

エリアAは、屋外で体を動かす活動です。たとえば、相談者のなかには「電車に乗って日帰り旅行をする」「ゴルフをする」「サイクリングをする」と記載された方がいました。

●エリアB「アウトドア・運動なし」

相談者のなかで多いのは「女子会」「野球観戦」「海までドライブ」などです。「カフェやレストランでランチするのなら、屋内だからインドアじゃないの？」と思われるかもしれませんが、女子会は「家から出る」行動があるのでアウトドアに配置しています。このように、**インドアとアウトドアの両方が含まれている活動の場合は、柔軟に決めてもらって構いません。**

●エリアC「インドア・運動あり」

屋内でできるスポーツと考えてみましょう。たとえば、「バドミントン」「バレーボール」などがあります。そのほか、意外に多いのが「武道」や「格闘技」で、「合気道を習っています」「総合格闘技を習っていました」と話される方がいらっしゃいます。また、自宅でできる「ヨガ」などもここに該当します。

●エリアD「インドア・運動なし」

ここで大事なのは**能動的に選べる活動（自分の意志で選択して取り組む活動）を書き込む**、ということです。受け身で消費するだけの活動では、不満な気持ちが残りがちです。

たとえば「テレビを見る」の場合、確かにインドア・運動なしです。しかし、見たいわけではない番組をなんとなく見ている（受動的）だけでは、趣味とはいえません。テレビを見るのであれば、見たい番組だけを選択して見るようにしましょう。サッカー観戦が好きな場合は、サッカーの試合だけを見るようにして、試合が終わったらテレビを消します。そうすれば、自分の意志で選択してテレビを見ているといえます。

趣味としての質を高めたいのであれば、動画配信サイトがおすすめです。テレビのように放送日や放送時間帯に縛られることなく、関連動画も含めて好きなだけ視聴できます。

ポイント

趣味を選ぶ際に「無駄」を大事にしてくださいと話しましたが、**能動的に「無駄」を選ぶからこそ楽しさが味わえます。**

趣味発見シート

あり

A

屋外で
体を動かす活動

例：日帰り旅行・ゴルフ・サイクリング

アウトドア

B

屋外で
おこなう活動

例：カフェで女子会・野球観戦・ドライブ

なし

※インドアとアウトドア両方を兼ねている活動もあります。
その場合は柔軟に決めてOKです。

運動

C

屋内で
体を動かす活動

例：バドミントン・バレーボール・ヨガ

インドア

D

屋内で
おこなう活動

例：サッカー観戦（TV）、読書、ゲーム

※自分の意志で選択して取り組む活動としてください。

運動

COLUMN

一人親の承認欲求はどう満たす？

1人で不登校の子どもを育てるとき、最も大事なのは「孤立しないこと」です。孤立すると、親自身の承認欲求が満たされなくなり、子どもの承認欲求を満たすことができなくなります。

そこで、おすすめなのは子育てについて話せる第三者をみつけることです。たとえば、実の両親・職場の同僚・趣味仲間・子育て支援員などです（可能であれば、子育てについて話せる人が3人以上いればよいと思います）。

これらの人に話す際にやってしまいがちなのは、1回の機会で1人に30分以上子育ての話をしてしまうことです。不満や不安を聞いてもらいたい気持ちはわかりますが、これを続けると相手から避けられるようになります。不登校の相談を受ける側もとてもエネルギーを使うからです。

3人に10分ずつ話すほうが相手にとっても楽ですし、話せる回数が3倍に増やせるので自分の気持ちも楽になります。また、話す際に「いいね」「なるほどね」「ありがとう」を使うと練習にもなり、相手もあなたに言ってくれるようになるでしょう。

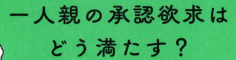

Chapter 6

子どもの言動が変化してきたら？

6-1

「会話以外の変化」にも注目しよう

「会話以外の変化」も再登校に向けた変化のひとつ

雑談レベルが上がってきたら、会話以外でも子どもに変化が出てきます。ここでの**「変化」とは、「いままでしていなかったことをするようになる」**という意味です。

相談者にこのように話すと、「登校しなかった子どもが登校するようになるんですね?」と言われることがあるのですが、そういうわけではありません。**雑談レベルに応じた変化を起こす**ということです。雑談レベルが0から1になったのなら、それに応じた変化を起こす。同様に、1から2、2から3と、それに応じた変化を起こします。

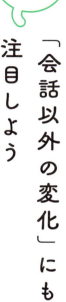

筆者の経験だと、子どもが自分から「登校する」とか「高校は〇〇に進学する」と言い出した家庭では、必ずと言っていいほど「会話以外の変化」（たとえば「家事を手伝ってくれるようになる」など）を経験しています。

「会話以外の変化」が起きたら、登校に向けて一歩前進したと考えましょう。ここまで紹介した承認の取り組みによって承認欲求の水位が上がり、エネルギーがたまったことで会話以外の言動にも変化が現れてきたのです。

「いますぐ子どもが登校しないのであれば意味がない」と思っていると、子どもを承認する機会を見逃してしまい、不登校を長引かせてしまう可能性が高くなります。**会話以外の変化もみつけて、認めてあげることが大事**です。

「小さな変化」をみつけよう

「会話以外の変化」をみつけるコツは、**「小さな変化」に目を向けること**です。「小さな」としているのは、登校を「大きな変化」と位置付けているためです。子どもが登校するようになるのを「大きな変化」と呼ぶのであれば、小さな変化はその10分の1程度です。

「では『小さな変化』が10回起きれば登校するのか」と言われると、それは違います。
10分の1というのは子どもを観察するときの縮尺だと考えてください。

たとえば、美容師でもない限り、私たちは髪の毛が伸びたかどうかをcm単位ぐらいでとらえます。しかし、美容師がお客さんの髪をカットするときは、プロとしてお客さんの要望に応えるためにmm単位でとらえます。

同様に、親はわが子の子育てをするプロです。ですからcm単位（大きな変化）ではなくmm単位（小さな変化）で子どもを観察するようにしましょう。

では、「小さな変化」とはどのようなものでしょうか？　子どもによってさまざまですが、**主に次の3つの場面に注目しておくと発見しやすい**です。

❶家事
❷外出
❸勉強

「小さな変化」をみつける場面❶家事

1つ目の場面は「家事」です。承認欲求の水位が上がるにつれて、いままで家事を手伝ってこなかった子が家事をしてくれるようになることがあります。ただ、**親がやっている家事をすべてやってくれるようになる、というわけではありません。**

「どうせ家にいるのだから、家事をやってくれればいいのに」とおっしゃる方がよくいます。お話を聞いてみると「子どもが家事をしてくれる＝私が毎日やっている作業を代わりにやってくれること」と考えているようです。

「小さな変化」に気づくためには、作業を細分化してとらえておく必要があり

ます。たとえば、いままでは、食べ終わると食器はそのままの状態で席を立っていた子どもが食器を流し台に運んでくれるようになったら、それは家事における「小さな変化」といえます。

この変化に気づくことができたら、子どもを承認するチャンスです（承認の方法は後ほど解説します）。

「小さな変化」をみつける場面❷外出

2つ目の場面は「外出」です。いままで外に出なかった子どもが、外出するようになることがあります。

たとえば、ある高校1年生の男の子は家にずっとひきこもっていましたが、雑談レベルが上がるとともに、お母さんと一緒に服を買いに行くようになりました。**世間の基準と比べれば「そんなことはできて当たり前」と思うかもしれませんが、大事なの**

は本人の行動の変化です。この変化を起こした男子高校生は、その後高校に通うようになり、卒業することができました。

また、親と一緒でないと外に出られなかった子が、1人でも外に出られるようになることもあります。これも「いままでしていなかったことをするようになる」という点で「小さな変化」といえるでしょう。

「小さな変化」をみつける場面❸勉強

3つ目の場面は「勉強」です。いままで勉強をしなかった子どもが勉強をするようになることがあります。**勉強に関しては親の期待が大きいので、「家事」や「外出」よりもさらに細かく、作業単位でとらえるように意識してください**。

よくあるのは「勉強＝1日2～3時間勉強する」という考え方です。しかし、これだと「10分だけ問題集を解いた」「教科書を2ページ読んだ」では全然勉強していないということになってしまいます。親のストレスも溜まる一方です。

たとえば、ゲームばかりで勉強時間が0分だった中学生が「小学5年生の問題集からやり直してみる」と言って2ページほど問題を解いたとします。これは、勉強における「小さな変化」です。なぜなら、勉強時間が0分だったのに、対象学年は違うとはいえ勉強をし始めたからです。

このように**「取り組む問題集のレベル」や「勉強時間」を世間一般の基準と比較するのではなく、その子のいままでの行動と比較して変化をみつける**ようにしましょう。

「小さな変化」をみつけたときは子どもを承認しよう

「小さな変化」が現れたら、親としては喜ぶべきです。なぜなら、それは「子どもの成長」だからです。

それでは「小さな変化」を発見したとき、どのようにして子どもを承認すればよいでしょうか。方法は2つあります。

1つ目は「**ほめる**」です。「ほめる」というのは「相手を高く評価する」こととといえます。たとえば**「できるようになったね」「さすがだね」**と言葉をかけることで、子どものことを高く評価することができ、子どもの承認欲求は満たされます。

もう1つは「**感謝の言葉を伝える**」です。シンプルに「ありがとう」と伝えることで「親が喜んでくれた」と子どもは感じ、承認欲求を満たすことができます。

理想は、1週間に1回（可能であれば毎日でもよい）「小さな変化」をみつけ、「ほめる」または「感謝の言葉を伝える」ようにしましょう。親からこまめにほめられたり、感謝されたりすることで「親に認めてもらえた」と子どもが感じる回数を増やすことができます。

事例Jさん

家事の「小さな変化」をみつけて子どもを承認した

ある女子中学生Jさんの家では犬を飼っていて、犬の散歩はいつもお母さんがしていました。ある日、Jさんが「犬の散歩に行ってくる」と言って、家から出ていきました。これは「家事」における「小さな変化」です。そこで、お母さんは「助かるよ、ありがとう」と感謝の言葉をかけました。それに対してJさんは無表情で「うん」と答えただけでした。

ただ、次の日もその次の日も、Jさんは犬の散歩に行ってくれるようになりました。お母さんは「今日も行ってくれたんだね。気が利くね！」と、**少し表現を変えつつほめて、感謝の気持ちを伝えることを忘れませんでした**。結果、Jさんの承認欲求の水位はどんどん上がっていき、ある日から洗濯物をたたんだり、掃除をしてくれたりと、自分から積極的に家事を手伝ってくれるようになりました。

ほめるとき・感謝を伝えるときの注意点

子どもをほめるときによくあるのが、ほめると同時に「これなら学校に行けそうだね」と言うことです。確かに、長い目でみれば、それは嘘ではありません。

しかし、**ほめると同時に学校のことを言ってしまうと、子どもの「小さな変化」を止めてしまう原因になる可能性があります**。なぜなら、子どもが「学校に行かせようとしてほめているのかも」と親のことを疑うようになるからです。

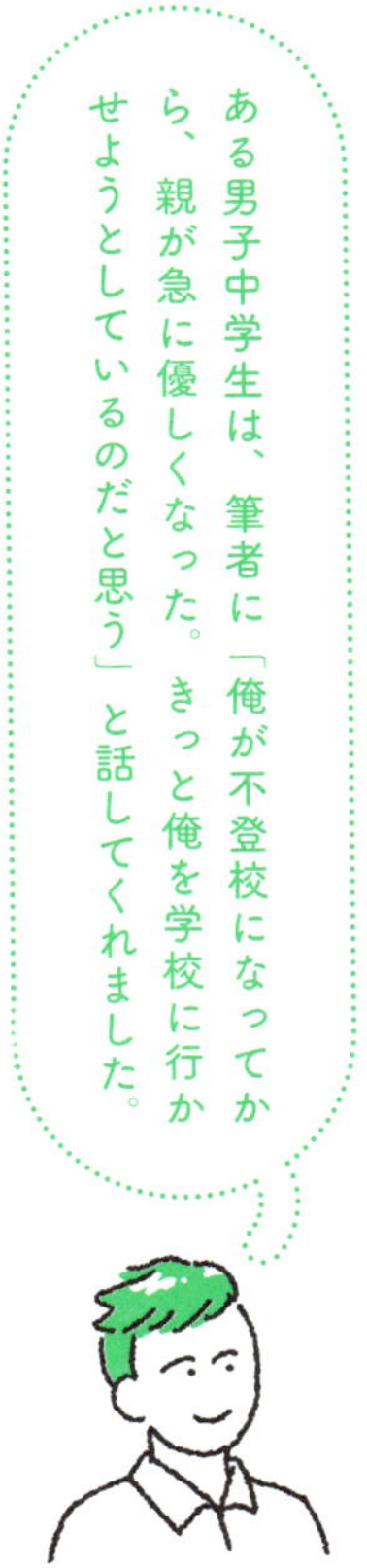
ある男子中学生は、筆者に「俺が不登校になってから、親が急に優しくなった。きっと俺を学校に行かせようとしているのだと思う」と話してくれました。

子どもは子どもで、親の「小さな変化」をよく見ています。自分が不登校になったことで、親はどんな変化を起こすのか？　親には無関心なようでいて、子どもはいつも親のことを見ています。

子どもは親に保護されないと生きていけない存在ですから、親の反応を気にするのは本能といえます。そのため、ほめるついでに学校のことを口にすると、子どもは勘ぐってしまうのです。

相談者のなかで「小さな変化」をみつけるのが上手な方は、筆者のインタビューに「息子が登校できるようになったから幸せになったわけじゃありません。不登校のときから、息子の成長を感じて『幸せだなあ』と思っていました。すると、息子が自分から登校し始めたんです」と答えてくれました。

このように「小さな変化」に気づいてほめることは、子どもだけではなく親自身も心が満たされていくということなのです。

WORK

「小さな変化」をみつけて承認しよう！

方法1

直近1か月で子どもが新しくするようになったことを書き出してみましょう。

（例1）お風呂を洗ってくれるようになった

（例2）洗濯物を屋内に取り込んでおいてくれるようになった

実践1

方法1で書き出した小さな変化について「ありがとう」と伝えてみましょう。

（例1）お風呂を洗ってくれるようになった

↓「ここ最近お風呂を洗ってくれているよね。ありがとう、助かるよ」

（例2）洗濯物を屋内に取り込んでおいてくれるようになった

↓「この前洗濯物を取り込んでおいてくれたおかげで助かったよ。ありがとう」

方法2

余裕を持って子どもの様子を観察できる時間があるとしたら、それは直近1週間だといつですか？　書き出してみましょう。

（例1）土曜日の夕食後

（例2）日曜日の14：00～15：00

実践2

方法2で書き出した時間に「小さな変化」が起きていないか、5分間ほど、子どもを観察してみましょう。慣れてきたら、観察時間を10分、15分と増やしていくとよいです。

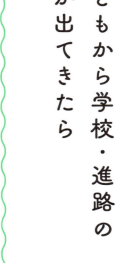

6-2

子どもから学校・進路の話が出てきたら

「元の学校に戻りたい」と話すときは？

雑談レベルが3になったら、子どものほうから「学校、どうしたらいいかな？」と親に質問してくると思います。これは**「自分に合う学校なら行く」という意味**です。ここでやるべきことは「どんな学校なら行けそうなのか」を親子で話し合うことです。

元の学校に戻るのではダメなのかと思う方もいると思います。結論からいうと、条件次第でＯＫです。その条件とは「子どもが『元の学校がやっぱり自分に合う学校だ』と結論を出したとき」です。雑談レベル３で、かつ「元の学校に戻りたい」と子どもが言っている場合は、**元の学校に通えるように担当の先生に相談をしたりして、準備を整えていきましょう。**

子どもが元の学校を希望する場合には**「戻った学校で安全が確保されているかどうか」がとても大切**になります。極端な例をいえば、せっかく自分の意思で元の学校に戻ったとしても、いじめがある教室に戻るのでは命の危険があるといえます。まれに「いじめに負けたと思われたくない」という心理から、子どもがいじめっ子のいる元の学校に戻ろうとすることもあります。その場合は、学校側で何らかの対策が打たれていない限り、元の学校に戻ることは避けましょう。

行きたい学校がないときは「通える条件」から考えてみよう

元の学校以外が気になっている場合は、親子で通えそうな学校の条件を書き出すところから始めてみましょう。次ページからのワークを参考にしてみてください。

WORK 「子どもが通えそうだと思う学校」の条件を書き出そう

方法

「どんな学校なら通えそうなのか」を親子で話し合うときは、具体的な条件を3つ書き出してみましょう。その際、**次の手順の❶から順に書き出すことで、子どもの本音に沿った条件をみつけやすくなります。**

手順

❶否定的な条件を書き出す

「～ではないこと」で表現される条件のことです。たとえば「いじめのある学級ではないこと」「担任が大きな声を出す先生ではないこと」などがあります。

❷肯定的な条件を書き出す

「～であること」と表現される条件のことです。たとえば「自分のペースで学べる学校であること」「少人数制の学校であること」「ネットで授業が受けられる学校であること」などがあります。

❸「❶否定的な条件」を「❷肯定的な条件」に書き換え、3つの条件を出す

書き換えるときのポイントは、「ではない」を「である」に変換することです。たとえば「同級生が僕の過去を知っている人ではないこと」(否定的な条件)を肯定的な条件に書き換えると「同級生が僕の過去を知らない人ばかりであること」となります。このように書き換えると、「初対面の人に囲まれた環境」という条件が見えてきます。その結果「転校が必要である」ということがわかります。このような流れで条件を3つ書き出していきましょう。

注意

最終的には❷肯定的な条件で学校を探すことになります。ただし、いきなり肯定的な条件から探そうとすると、また通えなくなる恐れがあります。なぜなら、❶否定的な条件から考えたときと比較して、子どもの気持ちからずれた学校を選んでしまう可能性が高いからです。たとえば、肯定的な条件はネット広告などでよく見ると思います。そのため、パッと条件として思い浮かびやすいです。ただし、「行ってみたら、やっぱり違った。もう通えない」ということにもなりやすいです。

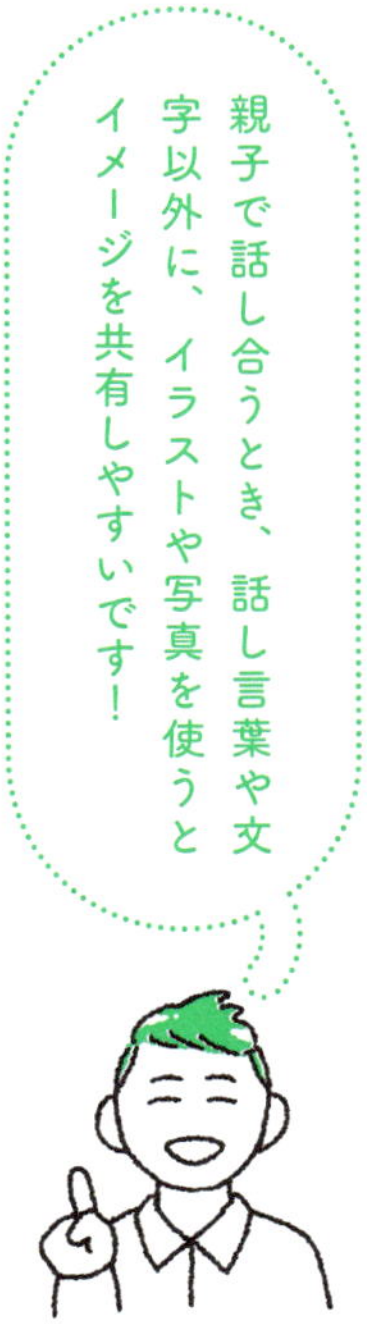
親子で話し合うとき、話し言葉や文字以外に、イラストや写真を使うとイメージを共有しやすいです！

条件に合う学校を探そう

「通えそうな学校の条件」が3つ書けたら、後は条件に合う学校を探していきます。中学生の場合は義務教育なので、高校生に比べれば選択肢が少ないかもしれません。しかし、**出席扱いになる対象は増えつつあります**。

在籍している中学校の校長先生が認めるならフリースクールへの出席、動画学習アプリの利用時間などが出席扱いとなる学校はあります。今後もこの動きは拡大していくと思います。「通えそうな条件」に合致する学校が物理的に近くになければ、オンライン授業の利用も視野に入れていきましょう。

高校生の場合は、全日制だけではなく、定時制や通信制という選択肢もあります。通える時間帯や頻度を決めて、それらに合致した学校を選びましょう。資料請求や教室見学をすることで、子どもに合うかどうかを確認することができます。

ここで気をつけたいのは「**親子で情報収集をする**」ということです。親としては早く決めたいという思いから、独断で資料請求や個別相談の日程を決めてしまいがちです。しかし、親が主体的に動くと子どもは取り残されてしまいます。せっかく「通えそうな学校の条件」を親子で話したのに、行き先は親が決めたということだと、子どもは自己決定できていません。

そのため、**親は子どもが主体的に動くのを補佐する意識**で動くようにしましょう。たとえば「A学校を見学したい」と子どもが決めたら、子どもの目の前で親が学校に電話予約を入れるようにしてください。

こういった些細な行動だけでも、子どものなかで「自分で決めた学校だ」という意識は高まるのです。すべての手続きを親子で一緒におこなうのがよいでしょう。

6-3

進む道は人それぞれ

自分なりの成功を大切に

不登校の経験をしたからといって、人生が台無しになるわけではありません。自分なりの答えをみつけ、人生を歩んでいく人はたくさんいます。そんな事例をいくつか紹介しますが、1つ注意点があります。

それは「**事例と自分の家族とを比較しなくていい**」ということです。他人の成功事例をみるとかえって苦しくなる、という方もいらっしゃいますが、それは比較をしているからです。他人と比較をしても何もいいことはありません。

ここで事例を紹介する理由は、自分なりの成功イメージを持ってもらうためです。ネット上では「不登校から東大合格」とか「たった1週間で学校に復帰」といった華々しい成功例があふれています。そういった結果を出す人もいますが、それがすべてではありません。

自分なりの道をみつけた大部分の人たちは、**穏やかに自分のペースで成長を遂げていきます。それは、世間からすれば地味かもしれません。しかし、それぞれが自分なりの成功であることに変わりありません。**

自分なりの成功イメージをつかむために、これから紹介する事例を参考にしてみてください。

事例Lくん

「昼夜逆転・話しかけても無視」の状態から少しずつ変化

中学2年生のLくんは、5月ごろから登校できなくなりました。昼夜逆転し、朝お母さんが起こそうとしても起きません。話しかけても無視され、夜になると、オンラインゲームを始めます。家族が寝静まった深夜でもボイスチャットをしながら大声でゲームをするため、家族もなかなか眠ることができません。

それが理由でお父さんがWi-Fiの通信を切ると「ゲームをさせて」とせがんできます。家族の安眠のため、お父さんが断ると、怒って壁に穴を開けたこともありました。お母さんは心配で食事がのどを通らず、睡眠も満足にできなくなりました。

そこで、お母さんは承認欲求について学び、Lくんに「ありがとう」「なるほどね」といった承認の言葉かけをおこなうことにしました。このときのことを振り返り、お母さんは「最初は、小松さん（筆者）に教わったことを大根役者のように、ただ真似をしていました」と話されました。しかし、**そのうち自然と自分の言葉で承認の言葉かけができるようになった**そうです。

すると、Lくんの態度が少しずつ変わってきました。最も顕著にそれを感じたのは、Lくんが家族で食事に出かけたときです。Lくんが車の中で少し機嫌が悪くなることがありました。その後目的地のレストランに着いたときお母さんに「さっきはごめんね」と謝ってきたのです。そして「いつもありがとう」とも言ってくれました。このとき「Lは変わったな」とお母さんは思ったそうです。

その後も変化は続き、外出しなかったLくんは友だちと釣りに行くようになりました。そして、冬休みになると「俺、登校するわ」と言うようになったのです。そして、言葉どおり登校を始めました。そして、中学3年生になったLくんは「通信制の高校へ進学する」とお母さんに話してくれたそうです。

事例Mくん

「不登校・弟に意地悪をする」状態から変化した

Mくんは、中学生時代ハンドボールに打ち込むほど運動が大好きな学生でした。ところが、全日制高校に進学した後学校を休むようになりました。

朝、お母さんが声をかけながら体をゆすっても起きないのです。昼頃になると、何事もなかったかのように起きてきて、スマホをいじったりゲームをしたりします。そこで、親子で病院に行ったところ「起立性調節障害」の診断を受けました。

診断を受けて安心する部分はあったものの、お母さんはMくんにどう接していいかわかりませんでした。「このままでいいと思っているの？」と強い口調で言ってしまったこともありました。そんな日が続き、Mくんもだんだんと荒れた行動を起こすようになりました。また、お母さんと激しく口論する日が増えていきました。

そして、お母さんは私のもとに相談に来られました。まずはMくんに「ありがとう」を言うところから承認欲求の取り組みを始めました。ところが、昼夜逆転の状態でゲームをしていて、家事は一切手伝ってくれないMくんに対して、**お母さんはどうしても「ありがとう」が言えませんでした**。そこで、お母さんは弟に「ありがとう」を言うように心がけました。ちょっとしたことでも「ありがとう」と伝え、弟も素直に喜んでくれました。

すると、Mくんの言動にも変化が起きました。お母さんとの口論の回数が減り、穏やかに過ごす日が増えてきました。また、一時は減っていた食事の量も、元の量に戻ってきました。それどころか、お母さんがつくったご飯を「おいしい」と言ってくれるようになったのです。

そんななかで、高校から「欠席日数が累積しているので、留年か退学かの意思決定をしてください」との連絡がきました。そこで、Mくんとお母さんは「通える学校の条件」を書き出し（本書の方法）、最終的に通信制高校に転学するという決断をしました。

「転学した先の通信制高校でどうなるだろうか？」というお母さんの心配をよそに、Ｍくんの新たな学生生活が始まりました。もともと素直で人から好かれる性格だったＭくんは新しい友だちもでき、学校生活に慣れてくるとアルバイトも始めました。

また、通信制高校を卒業し、いまは正社員として働いているそうです。

おわりに

本書では、不登校解決の原点となる親子の会話について、具体的なワークなどをご紹介してきました。できそうなところから気軽に始めてみてください。

それと同時に、注目してほしいのは、子どもの「小さな変化」です。親が接し方を変えると、子どもは変化を起こします。それは、子どもの成長そのものです。ここに気づくことが、親としての成長であり喜びでもあります。

「子どもは親の背中を見て育つ」といいます。

親が子育て・趣味・仕事など自己実現のために生きていれば、子どもは自ずとその姿を真似します。不登校かどうかに関係なく、親子で自分のやりたいことに向かって生きていってほしいと願います。

小松 範之

会員特典データのご案内

会員特典データ「親子で進路を決めるサポートシート」は、以下のサイトからダウンロードして入手いただけます。

https://www.shoeisha.co.jp/book/present/9784798186764

※ 会員特典データのファイルは圧縮されています。ダウンロードしたファイルをダブルクリックすると、ファイルが解凍され、ご利用いただけます。

※ 画面の指示に従って進めると、アクセスキーの入力を求める画面が表示されます。以下のアクセスキーを半角英数字で、大文字、小文字を区別して入力してください。

アクセスキー　2024ShinroSeat

注意

※ 会員特典データのダウンロードには、SHOEISHA iD（翔泳社が運営する無料の会員制度）への会員登録が必要です。詳しくは、Web サイトをご覧ください。

※ 会員特典データに関する権利は著者および株式会社翔泳社が所有しています。許可なく配布したり、Web サイトに転載することはできません。

※ 会員特典データの提供は予告なく終了することがあります。あらかじめご了承ください。

※ 図書館利用者の方はダウンロードをご遠慮ください。図書館職員の皆様には、ダウンロード情報（URL、アクセスキー等）を伏せる処理をしていただきますよう、お願い申し上げます。

免責事項

※ 会員特典データの記載内容は、2024 年 12 月現在の法令等に基づいています。

※ 会員特典データに記載された URL 等は予告なく変更される場合があります。

※ 会員特典データの提供にあたっては正確な記述につとめましたが、著者や出版社などのいずれも、その内容に対してなんらかの保証をするものではなく、内容やサンプルに基づくいかなる運用結果に関してもいっさいの責任を負いません。

※ 会員特典データに記載されている会社名、製品名はそれぞれ各社の商標および登録商標です。

PROFILE

小《こ》松《まつ》範《のり》之《ゆき》

NPO 法人まなびデザインラボ理事、フリースクール「まなポート」運営。

山口大学経済学部を卒業後、市役所に 11 年間勤務。息子の誕生を機に「子どもが自由に生きられる社会を作りたい」と思い現職に就任。クラウドファンディングで開校資金を調達し、フリースクール「まなポート」を開校。新聞・TV 取材を受ける。

不登校の子どもに自然体験や勉強の場を提供するかたわら、保護者から「家庭で子どもとどう接したらいいかわからない」との相談を多く受ける。また、行政からは「家庭の中のことに口を出せない」という悩みを聞く。この問題を解決するため、「家庭での接し方」に焦点を当てた「承認の言葉かけ」メソッドを開発。

オンラインでの個別アドバイスほか、講演や動画講座を含め、合計 1,600 人以上に伝える。受講者からは「やるべきことが具体的で分かりやすい」と好評を博し、現在ではそのノウハウを保護者向けにオンラインスクールで教えている。

小松範之オフィシャルサイト
https://komatsunoriyuki.com/

YouTube
「不登校の子育てチャンネル」
https://www.youtube.com/@noriyuki-komatsu

カバー・本文デザイン　藤塚尚子（etokumi）
カバー・本文イラスト　藤原なおこ
DTP　株式会社シンクス

不登校の子どもと会話がなくなってきたら読む本

会話ができれば「これからを一緒に」考えられる

2025年1月22日　初版第1刷発行

著　者　小《こ》松《まつ》範之《のりゆき》
発行人　佐々木 幹夫
発行所　株式会社 翔泳社（https://www.shoeisha.co.jp）
印刷・製本　三美印刷 株式会社

本書へのお問い合わせについては、10ページに記載の内容をお読みください。
造本には細心の注意を払っておりますが、万一、乱丁（ページの順序違い）や落丁（ページの抜け）がございましたら、お取り替えいたします。03-5362-3705までご連絡ください。

ISBN978-4-7981-8676-4
Printed in Japan